VOYAGE MUSICAL

EN ALLEMAGNE

ET

EN ITALIE.

SÈVRES — M. CERF, IMPRIMEUR, 414, RUE ROYALE.

VOYAGE MUSICAL

EN

ALLEMAGNE

ET

EN ITALIE.

ÉTUDES SUR BEETHOVEN, GLUCK ET WEBER.

MÉLANGES ET NOUVELLES.

Par HECTOR BERLIOZ.

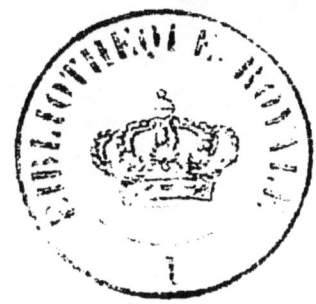

2

PARIS

JULES LABITTE, LIBRAIRE-ÉDITEUR,
N° 3, QUAI VOLTAIRE.

—

1844

VOYAGE MUSICAL

EN ITALIE.

I

CONCOURS DE COMPOSITION MUSICALE A L'INSTITUT.

Je dirai : J'étais là, telle chose m'advint.

Il faut dire aussi pourquoi j'étais là, car on ne s'en douterait guère.

En effet, que peut aller chercher aujourd'hui un musicien en Italie? Irait-il y entendre les chefs-d'œuvre de l'ancienne école? on ne les exécute nulle part. Ceux de l'école moderne? on les représente habituellement à Paris. Se proposerait-il d'y étudier l'art du chant? C'est bien, il est vrai, la terre classique des chanteurs; mais ceux-ci n'ont pas plutôt acquis un talent un peu remarquable, que nous les voyons accourir en France. Les Rubini, Tamburini, Grisi, Persiani, Ronconi, Salvi, ont fondé ou consolidé leur réputation à Paris, et ils y passent, en général, une bonne partie de leur vie d'artiste. Se livre-t-il à l'étude de la musique instrumentale? c'est le Rhin qu'il faut passer et non les Alpes. Toutes ces raisons sont excellentes, sans doute; je me bornerai à répondre que, si je suis allé en Italie sous prétexte de musique, c'est par arrêt de l'Académie. J'ai obtenu, comme tant d'autres, le grand prix de composition musicale au concours annuel de l'Institut; et si le lecteur est curieux de savoir comment se faisait ce concours, à l'époque où je m'y présentai, je puis le lui apprendre.

Faire connaître quels sont chaque année ceux des jeunes compositeurs français qui offrent le plus de garanties pour l'avenir de l'art, et les encourager en les mettant, au moyen d'une pension, dans le cas de s'occuper librement et exclusivement pendant cinq ans de leurs études, tel est le double but de l'institution du prix de Rome, telle a été l'intention du gouvernement qui l'a fondée. Toutefois, voici les moyens qu'on employait encore il y a quelques années, pour remplir l'une et parvenir à l'autre. Les choses ont un peu changé depuis lors, mais bien peu.

Les *faits* que je vais citer paraîtront sans doute fort extraordinaires et improbables à la plupart des lecteurs, mais comme j'ai eu l'honneur d'obtenir successivement le second et le premier grand prix au concours de l'Institut, je ne dirai rien que je n'aie vu moi-même, et dont je ne sois parfaitement sûr. Cette circonstance d'ailleurs me permet de dire librement toute ma pensée sans crainte de voir attribuer à l'aigreur d'une vanité blessée ce qui n'est que l'expression de mon amour de l'art et de ma conviction intime.

Tous les Français, ou naturalisés Français, âgés de moins de trente ans, pouvaient, et peuvent encore, aux termes du réglement, être admis au concours.

Quand l'époque en avait été fixée, les candidats venaient s'inscrire au secrétariat de l'Institut. Ils subissaient ensuite un examen préparatoire, nommé *concours préliminaire*, qui avait pour but de désigner parmi les aspirants les cinq ou six élèves les plus avancés.

Le sujet du grand concours devait être une *scène lyrique sérieuse pour une ou deux voix et orchestre;* et les candidats, afin de prouver qu'ils possédaient le sentiment de la mélodie et de l'expression dramatique, l'art de l'instrumentation et les autres qualités indispensables pour un tel ouvrage, étaient tenus d'écrire une *fugue vocale*. On leur accordait une journée entière pour ce travail. *Chaque fugue devait être signée.*

Le lendemain, les membres de la section de musique de l'Institut se rassemblaient, lisaient les fugues, et faisaient un choix trop souvent entaché de partialité; car un certain nombre des manuscrits *signés* appartenait toujours à des élèves de messieurs les académiciens.

Les votes recueillis et les concurrents désignés, ceux-ci devaient se représenter bientôt après pour recevoir les paroles de la scène ou cantate qu'ils allaient avoir à mettre en musique, et *entrer en loge*. M. le secrétaire perpétuel de l'Académie des Beaux-Arts leur dictait collectivement le classique poème, qui commençait presque toujours ainsi :

> Déjà l'Aurore aux doigts de rose.

Ou :

> Déjà le jour naissant ranime la nature.

Ou :

> Déjà d'un doux éclat l'horizon se colore.

Ou :

> Déjà du blond Phébus le char brillant s'avance.

Ou :

> Déjà de pourpre et d'or les monts lointains se parent.

Ou :

> Déjà....

Ah! ma foi, j'allais faire une fausse citation. La cantate avec laquelle j'ai obtenu le grand prix commençait précisément de la façon contraire. C'était, si je ne me trompe : « *Déjà la nuit a voilé la nature.* » C'est fort différent, comme on voit.

Les candidats, munis du lumineux poëme, étaient alors enfermés isolément avec un piano, jusqu'à ce qu'ils eussent terminé leur partition. Le matin à onze heures, et le soir à six, le concierge, dépositaire des clefs de chaque loge, venait ouvrir aux détenus, qui se réunissaient pour prendre ensemble leurs repas ; mais défense à eux de sortir du palais de l'Institut. Tout ce qui venait du dehors, papiers, lettres, livres, linge, était soigneusement visité, afin que les élèves ne pussent obtenir ni aide ni conseils de personne. Ce qui n'empêchait pas qu'on ne les autorisât à recevoir des visites dans la cour de l'Institut, tous les jours, de six à huit heures du soir, à inviter même leurs amis à de joyeux dîners, où Dieu sait tout ce qui pouvait se communiquer, de vive voix ou par écrit, entre le bordeaux et le champagne. Le délai fixé pour la composition était de 22 jours ; ceux des auteurs qui avaient fini avant ce temps étaient libres de sortir, après avoir déposé leur manuscrit, toujours *numéroté et signé*. Toutes les partitions étant livrées, le lyrique aréopage s'assemblait de nouveau, et s'adjoignait à cette occasion deux membres pris dans les autres sections de l'Institut. Un sculpteur et un peintre, par exemple, ou un graveur et un architecte, ou un sculpteur et un graveur, ou un architecte et un peintre, ou même deux graveurs, ou deux peintres, ou deux architectes, ou deux sculpteurs. L'important était qu'ils ne fussent pas musiciens. Ils avaient voix délibérative et se trouvaient là pour juger d'un art qui leur est étranger. On entendait successivement toutes les scènes écrites pour l'orchestre, comme je l'ai dit plus haut, et on les entendait réduites par *un seul* accompagnateur, *sur le piano!*..... (Et il en est encore ainsi à cette heure!)

Vainement prétendrait-on qu'il est possible d'apprécier à sa juste valeur une composition d'orchestre ainsi mutilée; rien n'est plus éloigné de la vérité. Le piano peut donner une idée de l'orchestre, pour un ouvrage qu'on aurait déjà entendu complètement exécuté; la mémoire alors se réveille, supplée à ce qui manque, et on est ému par souvenir. Mais pour une œuvre nouvelle, dans l'état actuel de la musique, c'est impossible. Une partition telle que l'*Œdipe*, de Sacchini, ou toute autre de cette école, dans laquelle l'instrumentation n'existe pas, ne perdrait presque rien à une pareille épreuve. Aucune composition moderne, en supposant que l'auteur ait profité des ressources que l'art actuel lui donne, n'est dans le même cas. Exécutez donc sur le piano la marche de *la Communion,* de la messe du sacre, de Chérubini? Que deviendront ces délicieuses tenues d'instruments à vent qui vous plongent dans une extase mystique? ces ravissants enlacements de flûtes et de clarinettes, d'où résulte presque tout l'effet? Ils disparaîtront complètement, puisque le piano ne peut tenir ni enfler un son.

Accompagnez au piano l'admirable air d'Agamemnon dans l'*Iphigénie en Aulide* de Gluck! Il y a sous ces vers :

> J'entends retentir dans mon sein
> Le cri plaintif de la nature.

un solo de hautbois d'un effet poignant et vraiment sublime. Au piano, au lieu d'une plainte déchirante, cette note vous donnera un son de clochette, et rien de plus. Voilà l'idée, la pensée, l'inspiration anéanties. Je ne parle pas des grands effets d'orchestre, des oppositions si piquantes établies entre les instruments à cordes et l'*harmonie*, des couleurs tranchées qui séparent les instruments de cuivre des instruments de bois, des effets magiques de timbales qu'on trouve à chaque pas dans Beethoven et Weber, des moyens dramatiques qui résultent de l'*éloignement* des masses harmoniques placées à distance les unes des autres, ni de cent autres détails dans lesquels il serait superflu d'entrer. Je dirai seulement qu'ici l'injustice et l'absurdité du réglement se montrent dans toute leur laideur. N'est-il pas évident que le piano anéantissant tous les effets d'instrumentation, nivelle, par cela seul, tous les compositeurs? Celui qui sera habile, profond, ingénieux instrumentaliste, est rabaissé à la taille de l'ignorant qui n'a pas les premières notions de cette branche de l'art. Ce dernier peut avoir écrit des trombones au lieu de clarinettes, des ophicléides au lieu de bassons, avoir commis les plus énormes bévues, pendant que l'autre aura composé un magnifique orchestre, sans qu'il soit possible, avec une pareille exécution, d'apercevoir la différence qu'il y a entre eux. Le piano, pour les instrumentalistes, est donc une vraie guillotine destinée à abattre toutes les nobles têtes, et dont la plèbe seule n'a rien à redouter.

Quoi qu'il en soit, les scènes ainsi *exécutées*, on va au scrutin (je parle au présent, puisque rien n'est changé à cet égard). Le prix est donné. Vous croyez que c'est fini? Erreur. Huit jours après, toutes les sections de l'Académie des beaux-arts se réunissent pour le grand jugement définitif. Les peintres, statuaires, architectes, graveurs en médailles et graveurs en taille-douce forment cette fois un imposant jury, dont *les musiciens cependant ne sont pas exclus* : les hommes de lettres et poètes seuls n'y figurent point. Pourquoi cela?... je l'ignore. Il me semble, en tout cas, que le chantre d'*Atala* et des *Martyrs*, que l'auteur des *Voix intérieures* et des *Chants du Crépuscule*, celui des *Harmonies religieuses* et des *Méditations*, pourraient apprécier l'expression ou la noblesse d'une mélodie au moins aussi bien que le plus grand sculpteur, fût-il un Phidias, ou le plus habile architecte, fût-il un Michel-Ange.

Quand les *exécuteurs*, chanteur et pianiste, ont fait entendre une seconde fois, et de la même manière chaque partition, l'urne fatale circule, on lit les bulletins, et le jugement préliminaire que la section de musique avait porté huit jours auparavant, se trouve, en dernière analyse, confirmé, modifié, ou *cassé* par la majorité.

Ainsi, le prix de musique est donné par des gens qui ne sont pas musiciens et qui n'ont pas même été mis dans le cas d'entendre, telles qu'elles ont été conçues, les partitions entre lesquelles un absurde règlement les oblige de faire un choix.

Au jour solennel de la distribution des prix, la cantate préférée par les peintres, sculpteurs et graveurs, est ensuite exécutée *complètement*. C'est un peu tard; il aurait mieux valu sans doute convoquer l'orchestre avant de se prononcer; et les dépenses occasionnées par cette exécution tardive sont assez inutiles, puisqu'il n'y a plus à revenir sur la décision prise; mais l'Académie est curieuse, elle veut *connaître* l'ouvrage qu'elle a couronné........ C'est un désir bien naturel!......

II

LE CONCIERGE DE L'INSTITUT.

Il y avait dans mon temps, à l'Institut, un vieux concierge nommé Pingard, à qui tout ceci causait une indignation des plus plaisantes. La tâche de ce brave homme, à l'époque des concours, était de nous enfermer dans nos loges, de nous ouvrir soir et matin, et de surveiller nos rapports avec les visiteurs, aux heures de loisir. Il remplissait, en outre, les fonctions d'huissier auprès de Messieurs les académiciens, et assistait, en conséquence, à toutes les séances secrètes et publiques, où il avait fait bon nombre de curieuses observations. Embarqué à seize ans comme mousse à bord d'une frégate de la compagnie des Indes, il avait parcouru presque toutes les îles de la Sonde, et, obligé de séjourner à Java, il échappa, par la force de sa constitution, et lui neuvième, disait-il, aux fièvres pestilentielles qui avaient enlevé tout l'équipage.

J'ai toujours beaucoup aimé les vieux voyageurs, pourvu qu'ils eussent quelque histoire lointaine à me raconter. En pareil cas, je les écoute avec une attention calme et une inexplicable patience. Je les suis dans toutes leurs digressions, dans les dernières ramifications des épisodes de leurs épisodes; et, quand le narrateur, voulant trop tard revenir au sujet principal et ne sachant quel chemin prendre, se frappe le front pour ressaisir le fil rompu de son histoire en disant : « Mon Dieu, où en étais-je donc?..., » je suis heureux de le remettre sur la piste de son idée, de lui jeter le nom qu'il cherchait, la date qu'il avait oubliée, et c'est avec une véritable satisfaction que je l'entends s'écrier, tout joyeux: « Ah! oui, oui, j'y suis, m'y voilà. » Aussi étions-nous fort bons amis, le père Pingard et moi; il m'avait estimé tout d'abord, à cause du plaisir que je trouvais à lui parler de Batavia, de Célèbes, d'Amboyne, de la côte de Coromandel, de Bornéo, de Sumatra; parce que je l'avais questionné plusieurs fois avec curiosité sur les femmes Javanaises, dont l'amour est fatal aux Européens, et avec lesquelles le gaillard avait fait de si terribles fredaines, que la consomption avait un instant paru vouloir réparer à son égard la négligence du choléra-morbus. Lui ayant un jour, à propos de la Syrie, parlé de Volney, de *ce bon monsieur le comte de Volney, si simple, qui avait toujours des bas de laine bleue*, son estime pour moi s'accrut d'une manière remarquable ; mais son enthousiasme n'eut plus de bornes, quand j'en vins à lui demander s'il avait connu le célèbre voyageur Levaillant.

« — M. Levaillant !... M. Levaillant, s'écria-t-il vivement, pardieu si je le connais. Tenez ! Un jour que je me promenais au cap de Bonne-Espérance, en sifflant, j'attendais une petite négresse qui m'avait donné rendez-vous sur la Grève, parce que, entre nous, il y avait des raisons pour qu'elle ne vînt pas chez moi. Je vais vous dire.

— Bon, bon, nous parlions de Levaillant.

— Ah ! oui. Eh bien ! un jour que je sifflais en me promenant au cap de Bonne-Espérance, un grand homme basané, qui avait une barbe de sapeur, se retourne vers moi ; il m'avait entendu siffler en français, c'est apparemment à ça qu'il me reconnut :

— Dis donc, gamin, qu'il me dit, tu es Français ?

— Pardi, si je suis Français, que je lui dis, je suis de Givet, département des Ardennes, pays de M. Méhul[1].

— Ah ! tu es Français ?

---

[1] Méhul est en effet de Givet, mais il n'était pas né à l'époque où Pingard prétend avoir parlé de lui à Levaillant.

— Oui.

— Ah ! — Et il me tourna le dos.

C'était M. Levaillant ; vous voyez si je l'ai connu. »

Le père Pingard était donc véritablement mon ami ; aussi me traitait-il comme tel, et me confiait-il des choses qu'il eût tremblé de dévoiler à tout autre. Je me rappelle une conversation très-animée que nous eûmes ensemble en 1828, époque de mon second prix. On nous avait donné pour sujet de concours un épisode du Tasse : Herminie se couvrant des armes de Clorinde, et à la faveur de ce déguisement, sortant des murs de Jérusalem pour aller porter à Tancrède blessé les soins de son fidèle et malheureux amour. Au milieu du troisième air (car il y avait toujours trois airs dans les scènes de l'Institut ; d'abord le lever de l'aurore obligé, puis le premier récitatif suivi d'un premier air suivi d'un deuxième récitatif suivi d'un deuxième air suivi d'un troisième récitatif suivi d'un troisième air, le tout pour le même personnage), dans le milieu du troisième air donc, se trouvaient ces quatre vers :

> Dieu des chrétiens, toi que j'ignore,
> Toi que j'outrageais autrefois,
> Aujourd'hui, mon respect t'implore,
> Daigne écouter ma faible voix.

J'eus l'insolence de penser que, malgré le titre

d'*air agité* que portait le dernier morceau, ce quatrain devait être le sujet d'une prière, et il me parut impossible de faire implorer le Dieu des chrétiens par la tremblante reine d'Antioche avec des cris de mélodrame et un orchestre désespéré. J'en fis donc une prière; et, à coup sûr, s'il y eût quelque chose de passable dans ma partition, ce ne fut que cette andante. Comme j'arrivais à l'Institut le soir du jugement dernier pour connaître mon sort, et savoir si les peintres, sculpteurs, graveurs en médaille et graveurs en taille-douce m'avaient déclaré bon ou mauvais musicien, je rencontre Pingard dans l'escalier :

« — Eh bien ! lui dis-je, qu'ont-ils décidé?

» — Ah!... c'est vous, Berlioz... pardieu,
» je suis bien aise!... je vous cherchais.

» — Qu'ai-je obtenu, voyons, dites vite; une
» mention, un premier, un second prix, ou
» rien?

» — Oh! tenez, je suis encore tout remué.
» Quand je vous dis qu'il ne vous a manqué que
» deux voix pour le premier.

» — Parbleu, je n'en savais rien; vous m'en
» donnez la première nouvelle.

» — Mais quand je vous le dis. Vous avez le
» second prix; c'est bon, mais il n'a manqué
» que deux voix pour que vous eussiez le pre-
» mier. Oh! tenez, ça m'a vexé; parce que,
» voyez-vous, je ne suis ni peintre, ni architecte,

» ni graveur en médaille, et par conséquent je
» ne connais rien du tout en musique; mais ça
» n'empêche pas que votre Dieu des chrétiens
» m'a fait un certain gargouillement dans le
» cœur qui m'a bouleversé. Et sacredieu, tenez,
» si je vous avais rencontré sur le moment, je
» vous aurais... je vous aurais payé une demi-
» tasse.

» — Merci, merci, mon cher Pingard, vous
» êtes bien bon. Vous vous y connaissez; vous
» avez du goût. D'ailleurs, n'avez-vous pas visité
» la côte de Coromandel?

» — Pardi, certainement; mais pourquoi?

» — Les îles de Java?

» — Oui, mais...

» — De Sumatra?

» — Oui.

» — De Bornéo?

» — Oui.

» — Vous avez été *lié* avec Levaillant?

» — Pardi, comme deux doigts de la main.

» — Vous avez parlé souvent à Volney?

» — A M. le comte de Volney, qui avait des
» bas bleus?

» — Oui.

» — Certainement.

» — Eh bien! vous êtes bon juge en mu-
» sique.

» — Comment ça?

» — Il n'y a pas besoin de savoir comment;
» seulement, si on vous dit par hasard : Quel ti-
» tre avez-vous pour juger les compositeurs?
» êtes-vous peintre, graveur en taille-douce,
» architecte, sculpteur? vous répondrez : Non, je
» suis... voyageur, marin, mousse de la compa-
» gnie des Indes. C'est plus qu'il n'en faut. Ah
» ça, voyons, comment s'est passée la séance?
» — Oh! tenez, ne m'en parlez pas; c'est
» toujours la même chose: J'aurais trente en-
» fants, que le diable m'emporte si j'en mettrais
» un seul dans les arts. Parce que je vois tout ça,
» moi. Vous ne savez pas quelle sacrée bouti-
» que... Par exemple, ils se donnent, ils se
» vendent même des voix entre eux. Tenez, une
» fois, au concours de peinture, j'entendis M. Le-
» thière qui demandait sa voix à un musicien [1]
» pour un de ses élèves. Nous sommes d'anciens
» camarades, qu'il lui dit, tu ne me refuseras

---

[1] Il faut dire, pour être juste, que si les peintres jugent les musiciens, ceux-ci leur rendent la pareille au concours de peinture, où le prix est donné également à la pluralité des voix par toutes les sections réunies de l'Académie des Beaux-Arts. Il en est de même pour les prix d'architecture, de gravure et de sculpture. Je sens pourtant, en mon âme et conscience, que si j'avais l'honneur d'appartenir à ce docte corps, il me serait bien difficile de motiver mon choix, en donnant le prix à un graveur ou à un architecte, et que je ne pourrais guère faire preuve d'impartialité qu'en tirant le plus méritant à la courte-paille.

» pas ça. D'ailleurs, mon élève a du talent, son
» tableau est très-bien.

» — Non, non, non, je ne veux pas, je ne veux
» pas, que l'autre lui répond. Ton élève m'avait
» promis un album que désirait ma femme, et
» il n'a pas seulement dessiné un arbre pour
» elle. Je ne lui donne pas ma voix.

» — Ah! tu as bien tort, que lui dit M. Le-
» thière; je vote pour les tiens, tu le sais, et tu
» ne veux pas voter pour les miens.

» — Non, je ne veux pas.

» — Alors je ferai moi-même ton album, là,
» je ne peux pas mieux dire.

» —Ah! c'est différent. Comment l'appelles-tu
» ton élève? Pour que je ne confonde pas, donne-
» moi ses noms et prénoms. Pingard!

» — Monsieur.

» — Un papier et un crayon.

» — Voilà, Monsieur. Ils vont dans l'embra-
» sure de la fenêtre, ils écrivent trois mots, et
» puis j'entends le musicien qui dit à l'autre, en
» repassant : C'est bon! il a ma voix.

» — Eh bien! n'est-ce pas abominable? et si
» j'avais un de mes fils au concours, et qu'on lui
» fît des tours pareils n'y aurait-il pas de quoi
» me jeter par la fenêtre?

» — Bon, bon, calmez-vous, Pingard, et di-
» tes-moi comment tout s'est passé aujourd'hui.

» — Je vous l'ai déjà dit, vous avez le

» second prix, et il ne vous a manqué que deux
» voix pour le premier. Quand M. Dupont a eu
» chanté votre cantate, et qu'il l'a fièrement
» bien chantée, par parenthèse, ils ont com-
» mencé à écrire les bulletins. Il y avait un
» musicien, de mon côté, qui parlait bas à un
» architecte, et qui lui disait : Voyez-vous, ce-
» lui-là ne fera jamais rien ; ne lui donnez pas
» votre voix, c'est un jeune homme perdu. Il
» n'admire que le dévergondage de Beethoven;
» on ne le fera jamais rentrer dans la bonne
» route.

» — Vous croyez, dit l'architecte? Cepen-
» dant.....

» — Oh! c'est très-sûr; d'ailleurs, demandez
» à notre illustre Cherubini. Vous ne doutez pas
» de son expérience, j'espère ; il vous dira,
» comme moi, que ce jeune homme est fou,
» que Beethoven lui a troublé la cervelle.

» — Pardon, me dit Pingard en s'interrom-
» pant, mais qu'est-ce que ce M. Beethoven? il
» n'est pas de l'Institut, je crois ?

» — Non, il n'est pas de l'Institut; conti-
» nuez.

» — Ah! mon Dieu, ça n'a pas été long; l'au-
» tre a donné sa voix au n° 4, au lieu de vous la
» donner, et voilà. Tout d'un coup, il y a un
» des musiciens qui se lève et qui dit : Mes-
» sieurs, avant d'aller plus avant, je dois vous

» prévenir que dans le second morceau de la
» partition que nous venons d'entendre, il y a
» un travail d'orchestre très-ingénieux, que le
» piano ne peut pas rendre, et qui doit, à l'exé-
» cution, produire le plus grand effet. Il est bon
» d'en être instruit.

» — Que diable viens-tu nous chanter, lui
» répond un autre musicien, ton élève ne s'est
» pas conformé au programme; au lieu d'*un* air
» agité, il en a écrit *deux*, et dans le milieu il a
» ajouté une prière qu'il ne devait pas faire. Le
» réglement ne peut ainsi être méprisé. Il faut
» un exemple.

» — Oh! c'est trop fort! qu'en dit M. le Se-
» crétaire-Perpétuel?

» — Je crois que c'est un peu sévère, et qu'on
» peut pardonner la licence que s'est permise vo-
» tre élève; mais il est important que le jury
» soit éclairé sur le genre de mérite que vous
» avez signalé, et que l'exécution au piano ne
» ne nous a pas laissé apercevoir.

» — Non, non, ce n'est pas vrai, dit M. Ché-
» rubini, ce prétendu mérite d'instrumentation
» n'existe pas, ce n'est qu'un fouillis auquel on
» ne comprend rien et qui serait détestable à
» l'orchestre.

» — Ma foi, Messieurs, entendez-vous, disent
» de tous côtés les peintres, sculpteurs, architec-
» tes et graveurs, nous ne pouvons juger que ce

» que nous entendons, et pour le reste, si vous
» n'êtes pas d'accord...

» — Ah! oui.—Ah! non.—Mais mon Dieu!...
— Eh! que Diable!... — Cependant...

» Enfin, ils criaient tous à la fois, et comme
» ça les ennuyait, voilà M. Renaud et deux au-
» tres qui s'en vont, en disant qu'ils se récu-
» saient et qu'ils ne voulaient pas voter. Puis on
» a compté les bulletins, et il vous a manqué
» deux voix, comme je vous ai dit.

» — Je vous remercie, mon bon Pingard;
» mais, dites-moi, cela se passait-il de la même
» manière à l'Académie du cap de Bonne-Es-
» pérance?

» — Oh! par exemple! quelle farce! Une
» académie au Cap! un institut hottentot! Vous
» savez bien qu'il n'y en a pas.

» — Vraiment! et chez les Indiens de Coro-
» mandel?

» — Point.
» — Et chez les Malais?
» — Pas davantage.
» — Ah ça! mais il n'y a donc point d'acadé-
» mie dans l'Orient?
» — Certainement non.
» — Les Orientaux sont bien à plaindre!
» — Ah! oui, ils s'en moquent pas mal!
» — Les barbares! »

Là-dessus, je quittai le vieux concierge, gardien, huissier de l'Institut, en songeant à l'immense avantage qu'il y aurait d'envoyer l'Académie civiliser l'île de Java. Je ruminais déjà le plan d'un projet que je voulais adresser aux académiciens eux-mêmes, à l'effet de les prier *de vouloir bien se donner la peine* d'aller se promener un peu au cap de Bonne-Espérance, comme Pingard. Mais nous sommes si égoïstes, nous autres Occidentaux, notre amour de l'humanité est si faible, que ces pauvres Hottentots, ces malheureux Malais, qui n'ont pas d'académie, ne m'ont occupé sérieusement que deux ou trois heures; le lendemain je n'y songeais plus. Deux ans après, j'obtins enfin le premier grand prix; *mon tour était venu.* Dans l'intervalle, le pauvre Pingard était mort, et ce fut grand dommage, car s'il eût entendu mon *Incendie de Sardanapale*, je suis sûr qu'il m'aurait cette fois payé une tasse tout entière.

Ce fut en 1830 que ce bonheur m'arriva. Je terminais précisément ma cantate le 28 juillet :

« ... Lorsqu'un lourd soleil chauffait les grandes dalles
» Des ponts et de nos quais déserts ;
» Que les cloches hurlaient, que la grêle des balles
» Sifflait et pleuvait par les airs;
» Que dans Paris entier, comme la mer qui monte,
» Le peuple soulevé grondait;
» Et qu'au lugubre accent des vieux canons de fonte
» *La Marseillaise* répondait (1). »

(1) 1er Iambe d'Auguste Barbier.

L'aspect du palais de l'Institut, habité par de nombreuses familles, était alors curieux ; les biscayens traversaient nos portes barricadées, les boulets ébranlaient la façade, les femmes poussaient des cris, et dans les moments de silence, entre les décharges, les hirondelles reprenaient en chœur leur chant joyeux cent fois interrompu. Et j'écrivais, j'écrivais précipitamment les dernières pages de mon orchestre, au bruit sec et mat des balles perdues qui, décrivant une parabole au-dessus des toits, venaient s'applatir près de mes fenêtres, contre la muraille de ma chambre. Enfin, le 29, je fus libre, et je pus sortir et polissonner dans Paris, le pistolet au poing, avec la *sainte canaille* [1], jusqu'au lendemain.

[1] Expression du même poète.

III

DISTRIBUTION DES PRIX DE L'INSTITUT.

Deux mois après eurent lieu, comme à l'ordinaire, la distribution des prix et l'exécution à grand orchestre de la cantate couronnée. Cette cérémonie se passe encore de la même façon. Tous les ans, les mêmes musiciens exécutent des partitions qui sont à peu près aussi toujours les mêmes, et les prix donnés avec le même discernement sont distribués avec la même solennité. Tous les ans, le même jour, à la même heure, debout sur la même marche du même escalier de l'Institut, le même académicien répète la même phrase au lauréat qui vient d'être couronné. Le jour est le premier samedi d'octobre; l'heure, la quatrième de l'après-midi; la marche d'escalier, la troisième; l'académicien, tout le monde s'en doute; la phrase, la voici :

« Allons, jeune homme, *macte animo;* vous
» allez faire un beau voyage... la terre classique
» des beaux-arts... la patrie des Pergolèse, des
» Piccini.... un ciel inspirateur..,. Vous nous
» reviendrez avec quelque magnifique partition.
» Vous êtes en beau chemin. »

Pour cette glorieuse journée, les académiciens endossent leur bel habit brodé de vert; ils rayonnent, ils éblouissent. Ils vont couronner en pompe, un peintre, un sculpteur, un architecte, un graveur et un musicien. Grande est la joie au gynécée des muses.

Que viens-je d'écrire là?... cela ressemble à un vers! C'est que j'étais déjà loin de l'Académie, et que je songeais (je ne sais trop à quel propos, en vérité), à cette strophe de Victor Hugo :

« Aigle qu'ils devaient suivre, aigle de notre armée,
» Dont la plume sanglante en cent lieux est semée,
» Dont le tonnerre, un soir, s'éteignit dans les flots;
» Toi qui les as couvés dans l'aire maternelle,
» Regarde et sois contente, et crie, et bats de l'aile,
« Mère, tes aiglons sont éclos. »

Revenons à nos lauréats, dont quelques-un ressemblent bien un peu à des hiboux, à ces *petits monstres rechignés* dont parle La Fontaine, plutôt qu'à des aigles, mais qui se partagent tous également néanmoins les affections de l'Académie.

C'est donc le premier samedi d'octobre que leur mère radieuse *bat de l'aile*, et que la cantate couronnée est enfin exécutée sérieusement. On rassemble alors un orchestre *tout entier*; il n'y manque rien. Les instruments à cordes y sont; on y voit les deux flûtes, les deux hautbois, les deux clarinettes (je dois cependant à la vérité de dire que cette précieuse partie de l'orchestre est complète depuis peu seulement. Quand l'*aurore* du grand prix se leva pour moi, il n'y avait qu'*une clarinette et demie ;* le vieillard chargé depuis un temps immémorial de la partie de première clarinette, n'ayant plus qu'une dent, ne pouvait faire sortir de son instrument asthmatique que la moitié des notes, tout au plus). On y trouve les quatre cors, les trois trombones, et jusqu'à des *cornets à pistons*, instruments modernes! Voilà qui est fort. Eh bien! rien n'est plus vrai. L'Académie, ce jour-là, ne se connaît plus, elle fait des folies, de véritables extravagances : *elle est contente, et crie et bat de l'aile, ses hiboux* (ses aiglons voulais-je dire) *sont éclos*. Chacun est à son poste. Habeneck, armé de l'archet conducteur, donne le signal.

Le soleil se lève ; solo de violoncelle... léger crescendo.

Les petits oiseaux se réveillent ; solo de flûte, trilles de violons.

Les petits ruisseaux murmurent, solo d'altos.

Les petits agneaux bêlent, solo de hautbois.

Et le crescendo continuant, il se trouve que quand les petits oiseaux, les petits ruisseaux et les petits agneaux ont été entendus successivement, le soleil est au zénith, et qu'il est midi tout au moins. Le récitatif commence :

« Déjà le jour naissant, etc. »

Suivent, le premier air, le deuxième récitatif, le deuxième air, le troisième récitatif et le troisième air où le personnage expire ordinairement, mais où le chanteur et les auditeurs respirent. M. le Secrétaire-Perpétuel prononce à haute et intelligible voix les noms et prénoms de l'auteur, tenant d'une main la couronne de laurier artificiel qui doit ceindre les tempes du triomphateur, et de l'autre une médaille d'or véritable qui lui servira à payer son terme avant le départ pour Rome. Elle vaut 160 francs : j'en suis certain. Le lauréat se lève :

Son front nouveau tondu, symbole de candeur
Rougit, en approchant, d'une honnête pudeur.

Il embrasse M. le Secrétaire-Perpétuel. On applaudit un peu. A quelques pas de la tribune de

M. le Secrétaire-Perpétuel, se trouve le maître illustre de l'élève couronné; l'élève embrasse son illustre maître : c'est juste. On applaudit encore un peu. Sur une banquette du fond, derrière les Académiciens, les parents du lauréat versent silencieusement des larmes de joie ; celui-ci, enjambant les bancs de l'amphithéâtre, écrasant le pied de l'un, marchant sur l'habit de l'autre, se précipite dans les bras de son père et de sa mère, qui, cette fois, sanglotent tout haut : rien de plus naturel : mais on n'applaudit plus, le public commence à rire. A droite du lieu de la scène larmoyante, une jeune personne fait des signes au héros de la fête : celui-ci ne se fait pas prier, et déchirant au passage la robe de gaze d'une dame, déformant le chapeau d'un dandy, il finit par arriver jusqu'à sa cousine. Il embrasse sa cousine. Il embrasse quelquefois même le voisin de sa cousine. On rit beaucoup. Une autre femme placée dans un coin obscur et d'un difficile accès, donne quelques marques de sympathie que l'heureux vainqueur se garde bien de ne pas apercevoir. Il vole embrasser aussi sa maîtresse, sa future, sa fiancée, celle qui doit partager sa gloire; mais dans sa précipitation et son indifférence pour les autres femmes, il en renverse une d'un coup de pied, s'accroche lui-même à une banquette, tombe lourdement, et sans aller plus loin, renonçant à donner la moindre accolade à la pauvre jeune fille, regagne sa place suant et confus. Cette fois on applaudit à outrance, on rit aux éclats ; c'est un bonheur, un délire : c'est le beau moment de la séance académique, et je sais bon nombre d'amis de la joie qui n'y vont que pour celui-là. Je ne parle pas ainsi par rancune contre les rieurs, car je n'eus pour ma part, quand mon tour arriva, ni père, ni mère, ni cousine, ni maître, ni maîtresse à embrasser. Mon maître était malade, mes parents absents et mécontents ; pour ma maîtresse..... Je n'embrassai donc que M. le Secrétaire-Perpétuel et je doute qu'en l'approchant on ait pu remarquer la rougeur de mon front, car, au lieu d'être *nouveau tondu*, il était enfoui sous une forêt de longs cheveux roux, qui, avec d'autres traits caractéristiques, ne devait pas peu contribuer à me faire ranger dans la classe des hiboux.

J'étais d'ailleurs, ce jour-là, d'humeur très-peu embrassante ; je crois même n'avoir pas éprouvé de plus horrible colère dans toute ma vie. Voici pourquoi : la cantate qu'on nous avait donnée à mettre en musique finissait au moment où Sardanapale vaincu appelle ses plus belles esclaves, et monte avec elles sur le bûcher. L'idée me vint d'écrire une sorte de symphonie descriptive de l'incendie, des cris de ces femmes mal résignées, des fiers accents de ce brave voluptueux, défiant la mort au milieu des progrès de la flamme et du fracas de l'écroulement du palais. Mais en songeant aux moyens que j'allais avoir à employer pour rendre sensibles, par l'orchestre seul les principaux traits d'un tableau de cette nature, je m'arrêtai. La section de musique de l'Académie eût condamné, sans aucun doute, toute ma partition, à la seule inspection de ce final instrumental; d'ailleurs, rien ne pouvant être plus inintelligible, réduit à l'exécution du piano, il devenait au moins inutile de l'écrire. J'attendis donc. Quand ensuite le prix m'eut été accordé, sûr alors de ne pouvoir plus le perdre, et d'être en outre exécuté à grand orchestre, j'écrivis mon incendie. Ce morceau, à la répétition générale, produisit un tel effet, que plusieurs de MM. les Académiciens, pris au dépourvu, vinrent eux-mêmes m'en faire compliment, sans arrière pensée et sans rancune pour le piège où je venais de prendre leur religion musicale.

La salle des séances publiques de l'Institut était pleine d'artistes et d'amateurs, curieux d'entendre cette cantate dont l'auteur avait alors déjà une fière réputation d'extravagance. La plupart en sortant, se récriaient sur l'étonnement que leur avait causé l'*Incendie*, et par le récit qu'ils firent de l'étrangeté de cet effet symphonique, la curiosité et l'attention des auditeurs du lendemain, qui n'avaient point assisté à la répétition, furent naturellement excitées à un degré peu ordinaire.

A l'ouverture de la séance, me méfiant un peu de l'habileté de Grasset, l'ex-chef d'orchestre du théâtre Italien, qui dirigeait alors, j'allai me placer à côté de lui, mon manuscrit à la main. La pauvre Malibran, attirée aussi par la rumeur de la veille, et qui n'avait pas pu trouver place dans la salle, était assise sur un tabouret, auprès de moi, entre deux contrebasses. Je la vis ce jour-là pour la dernière fois.

Mon *decrescendo* commence :

(La cantate débutant par ce vers : *Déjà la nuit a voilé la nature*, j'avais dû faire un *Coucher du soleil*, au lieu du *Lever de l'Aurore* consacré. Il semble que je sois condamné à ne jamais agir comme tout le monde, à prendre la vie et l'Académie à contre-poil!)

La cantate se déroule sans accident; Sardanapale apprend sa défaite, se résout à mourir, appelle ses femmes; l'incendie s'allume, on écoute, les initiés de la répétition disent à leurs voisins :

« Vous allez entendre cet écroulement, c'est étrange, c'est prodigieux !

Cinq cent mille malédictions sur les musiciens qui ne comptent pas leurs pauses!!! une partie de cor donnait dans ma partition la réplique aux timbales, les timbales la donnaient aux cymbales, celles-ci à la grosse caisse, et le premier coup de la grosse caisse amenait l'explosion finale! Mon damné cor ne fait pas sa note, les timbales ne l'entendant pas n'ont garde de partir, par suite, les cymbales et la grosse caisse se taisent aussi; rien ne part! rien!!... les violons et les basses continuent seuls leur impuissant tremolo; point d'écroulement! un incendie qui s'éteint sans avoir éclaté; un effet ridicule au lieu de l'éruption tant annoncée! *Ridiculus mus!*... Il n'y a qu'un compositeur, déjà soumis à une pareille épreuve, qui puisse concevoir la fureur dont je fus alors bouleversé. Un cri d'horreur s'échappa de ma poitrine haletante, je lançai ma partition à travers l'orchestre, je renversai deux pupitres; madame Malibran fit un bond en arrière, comme si une mine venait soudain d'éclater à ses pieds; tout fut en rumeur, et l'orchestre, et les Académiciens scandalisés, et les auditeurs mystifiés, et les amis de l'auteur indignés. Ce fut une vraie catastrophe musicale. Sérieusement, je tremble encore en y songeant.

Il fallut pourtant bien en prendre mon parti, et quelques semaines après, maudissant l'Académie de Paris, qui, cette fois, n'en pouvait mais, m'acheminer vers l'Académie de Rome, où je devais avoir tout loisir d'oublier la musique et les musiciens.

Cette institution, fondée en 1666, eut sans

doute, dans le principe, un but d'utilité pour l'art et les artistes. Il ne m'appartient pas de juger jusqu'à quel point les intentions du fondateur ont été remplies à l'égard des peintres, sculpteurs, graveurs et architectes; quant aux musiciens, je le répète, le voyage d'Italie, favorable au développement de leur imagination par le trésor de poésie que la nature, l'art et les souvenirs, étalent à l'envi sous leurs pas, est au moins inutile sous le rapport des études spéciales qu'ils y peuvent faire. Mais le fait ressortira plus évident du tableau fidèle de la vie que mènent à Rome les artistes français. Avant de s'y rendre, les cinq ou six nouveaux lauréats se réunissent pour combiner ensemble les arrangements du grand voyage qui se fait d'ordinaire en commun. Un *voiturin* se charge, moyennant une somme assez modique, de faire parvenir en Italie sa cargaison de grands hommes, en les entassant dans une lourde cariole, ni plus ni moins que des bourgeois du Marais. Comme il ne change jamais de chevaux, il lui faut beaucoup de temps pour traverser la France, passer les Alpes, et parvenir dans les Etats-Romains; mais ce voyage à petites journées doit être fécond en incidents pour une demi-douzaine de jeunes voyageurs dont l'esprit, à cette époque, est fort loin d'être tourné à la mélancolie. Si j'en parle sous la forme dubitative, c'est que je ne l'ai pas fait ainsi moi-même; diverses circonstances me retinrent à Paris, après la *cérémonie auguste de mon couronnement,* jusqu'au milieu de janvier, et je fis la traversée tout seul et assez triste.

V

LE DÉPART.

La saison était trop mauvaise pour que le passage des Alpes pût offrir quelque agrément; je me déterminai donc à les tourner, et me rendis à Marseille. C'était ma première entrevue avec la mer. Je cherchai assez longtemps un vaisseau un peu propre qui fît voile pour Livourne, mais je ne trouvai toujours que d'ignobles petits navires, chargés de laines ou de barriques d'huile ou de monceaux d'ossements à faire du noir, qui exhalaient une odeur insupportable. Du reste, pas un endroit où un honnête homme pût se nicher; on ne m'offrait ni le vivre ni le couvert; je devais apporter des provisions et me faire un chenil pour la nuit dans le coin du vaisseau qu'on voulait bien m'octroyer. Pour toute compagnie, quatre matelots à face de bouledogue, dont la probité ne m'était rien moins que garantie. Je reculai. Pendant plusieurs jours il me fallut tuer le temps à parcourir les rochers voisins de Notre-Dame de la Garde, genre d'occupation pour lequel j'ai toujours eu un goût particulier.

Enfin j'entendis annoncer le prochain départ d'un brick Sarde qui se rendait à Livourne. Quelques jeunes gens de bonne mine, que je rencontrai à la Cannebière, m'apprirent qu'ils étaient passagers sur le bâtiment, et que nous y serions assez bien en nous concertant ensemble pour l'approvisionnement. Le capitaine ne voulait en aucune façon se charger du soin de notre table. En conséquence, il fallut y pourvoir. Nous prîmes des vivres pour une semaine, comptant en avoir de reste, la traversée de Marseille à Livourne, par un temps favorable, ne prenant guère plus de trois ou quatre jours. C'est une délicieuse chose qu'un premier voyage sur la Méditerranée, quand on est favorisé d'un beau temps, d'un navire passable, et qu'on n'a pas le mal de mer. Les deux premiers jours, je ne pouvais assez admirer la bonne étoile qui m'avait fait si bien tomber et m'exemptait complètement du malaise dont les autres voyageurs étaient cruellement tourmentés. Nos dîners sur le pont, par un soleil superbe, en vue des côtes de Sardaigne, étaient de fort agréables réunions. Tous ces messieurs étaient Italiens, et avaient la mémoire garnie d'anecdotes plus ou moins vraisemblables, mais très-intéressantes. L'un avait servi la cause de la liberté en Grèce, où il s'était lié avec Canaris; et nous ne nous lassions pas de lui demander des détails sur l'héroïque incendiaire, dont la gloire semblait prête à s'éteindre, après avoir brillé d'un éclat subit et terrible comme l'explosion de ses brûlots. Un Vénitien, homme d'assez mauvais ton, et parlant fort mal le français, prétendait avoir commandé la corvette de Byron pendant les excursions aventureuses du poète dans l'Adriatique et l'Archipel grec. Il nous décrivait minutieusement le brillant uniforme dont Byron avait exigé qu'il fût revêtu, les orgies qu'ils faisaient ensemble; il n'oubliait pas non plus les éloges que le noble voyageur avait accordés à son courage. Au milieu d'une tempête, Byron ayant engagé le capitaine à venir dans sa chambre, faire avec lui une partie d'écarté, celui-ci accepta l'invitation au lieu de rester sur le pont à surveiller la manœuvre; la partie commencée, les mouvements du vaisseau devinrent si violents que la table et les joueurs furent rudement renversés.

— Ramassez les cartes, et continuons, s'écria Byron.

— Volontiers, milord!

—Commandant, vous êtes un brave! » Il se peut qu'il n'y ait pas un mot de vrai dans tout cela, mais il faut convenir que l'uniforme galonné et la partie d'écarté sont bien dans le caractère de l'auteur de *Lara;* en outre le narrateur n'avait pas assez d'esprit pour donner à des contes ce parfum de couleur locale, et le plaisir que j'éprouvais à me trouver ainsi côte à côte avec un compagnon du pèlerinage de Childe-Harold, achevait de me persuader. Mais notre traversée ne paraissait pas approcher sensiblement de son terme; un calme plat nous avait arrêtés en vue de Nice; il nous y retint trois jours entiers. La brise légère qui s'élevait chaque soir nous faisait avancer de quelques lieues, mais elle tombait au bout de deux heures, et la direction contraire d'un courant qui règne le long de ces côtes, nous ramenait tout doucement pendant la nuit au point d'où nous étions partis. Tous les matins, en montant sur le pont, ma première question aux matelots était pour connaître le nom de la ville qu'on distinguait sur le rivage, et tous les matins je recevais pour réponse : « E Nizza, signore. » Ancora Nizza. E sempre Nizza. » Je commençais à croire la gracieuse ville de Nice douée d'une puissance magnétique, qui, si elle n'arrachait pièce à pièce tous les ferrements de notre brick, ainsi qu'il arrive, au dire des matelots, quand on approche trop des pôles, exerçait au

moins sur le bâtiment une irrésistible attraction. Un vent furieux du nord, qui nous tomba des Alpes comme une avalanche, vint me tirer d'erreur. Le capitaine n'eut garde de manquer une si belle occasion pour réparer le temps perdu, et se *couvrit de toile*. Le vaisseau pris en flanc inclinait horriblement. Toutefois je fus bien vite accoutumé à cet aspect qui m'avait alarmé dans les premiers moments ; mais vers minuit, comme nous entrions dans le golfe de la Spezzia, la frénésie de cette *tramontana* devint telle, que les matelots eux-mêmes commencèrent à trembler en voyant l'obstination du capitaine à laisser toutes les voiles dehors. C'était une tempête véritable, dont je ferai la description en beau style académique... une autre fois. Cramponné à une barre de fer du tillac, j'admirais avec un sourd battement de cœur cet étrange spectacle, pendant que le commandant vénitien, dont j'ai parlé plus haut, examinait d'un œil sévère le capitaine occupé à tenir la barre, et laissait échapper de temps en temps de sinistres exclamations :
« C'est de la folie ! disait-il... Quel entêtement !...
» Cet imbécile va nous faire sombrer !... Un
» temps pareil, et quinze voiles étendues ! »
L'autre ne disait mot, et se contentait de rester au gouvernail, quand un effroyable coup de vent vint le renverser, et coucher presque entièrement le navire sur le flanc. Ce fut un instant ter-

rible... Pendant que notre malencontreux capitaine roulait au milieu des tonneaux que la secousse avait jetés sur le pont dans toutes les directions, le Vénitien, s'élançant à la barre, prit le commandement de la manœuvre avec une autorité illégale, il est vrai, mais bien justifiée par l'événement, et que l'instinct des matelots, joint à l'imminence du danger, les empêcha de méconnaître. Plusieurs d'entre eux, se croyant perdus, appelaient déjà la madone à leur aide. « Il ne s'agit pas de la madone, sacredieu! s'é-» crie le commandant, au perroquet! au perro-» quet! tous au perroquet! » En un instant, à la voix de ce chef improvisé, les mâts furent couverts de monde, les principales voiles carguées; le vaisseau, se relevant à demi, permit alors d'exécuter les manœuvres de détail, et nous fûmes sauvés.

Le lendemain nous arrivâmes à Livourne à l'aide d'une seule voile, tant était grande la violence du vent. Quelques heures après notre installation à l'hôtel de l'Aquila Nera, nos matelots vinrent en corps nous faire une visite, intéressée en apparence, mais qui n'avait pour but cependant que de se réjouir avec nous du danger auquel nous venions d'échapper. Ces pauvres diables, qui gagnent à peine le morceau de morue sèche et le biscuit dont se compose leur nourriture habituelle, ne voulurent jamais accepter notre argent, et ce fut à grand peine que nous parvînmes à les faire rester pour prendre leur part d'un déjeuner improvisé. Une pareille délicatesse est chose rare, surtout en Italie; elle mérite d'être consignée.

Mes compagnons de voyage m'avaient confié, pendant la traversée, qu'ils accouraient pour prendre part au mouvement qui venait d'éclater contre le duc de Modène. Ils étaient animés du plus vif enthousiasme; ils croyaient toucher déjà au jour de l'affranchissement de leur patrie. Modène prise, la Toscane entière se soulèverait; sans perdre de temps, on marcherait sur Rome; la France d'ailleurs ne manquerait pas de les aider dans leur noble entreprise, etc., etc. Hélas! avant d'arriver à Florence, deux d'entre eux furent arrêtés par la police du Grand-Duc et jetés dans un cachot, où ils croupissent peut-être encore; pour les autres, j'ai appris plus tard qu'ils s'étaient distingués dans les rangs des patriotes de Modène et de Bologne, mais qu'attachés au brave et malheureux Menotti, ils avaient suivi toutes ses vicissitudes et partagé son sort. Telle fut la fin tragique de ces beaux rêves de liberté.

Resté seul à Florence, après des adieux que je ne croyais pas devoir être éternels, je m'occupai de mon départ pour Rome. Le moment était fort inopportun, et ma qualité de Français, arrivant de Paris, me rendait encore plus difficile l'entrée des États pontificaux. On refusa de viser mon passeport pour cette destination ; les pensionnaires de l'Académie étaient véhémentement soupçonnés d'avoir fomenté le mouvement insurrectionnel de la place Colonne, et l'on conçoit que le pape ne vit pas avec empressement s'accroître cette petite colonie de révolutionnaires. J'écrivis à notre directeur, M. Horace Vernet, qui, après d'énergiques réclamations, obtint enfin du cardinal Bernetti l'autorisation dont j'avais besoin.

Par une singularité remarquable, j'étais parti seul de Paris ; je m'étais trouvé seul Français dans la traversée de Marseille à Livourne ; je fus l'unique voyageur que le voiturin de Florence trouva disposé à s'acheminer vers Rome, et c'est dans cet isolement complet que j'y arrivai. Deux volumes de Mémoires sur l'impératrice Joséphine, que le hasard m'avait fait rencontrer chez un bouquiniste de Sienne, m'aidèrent à tuer le temps pendant que ma vieille berline cheminait paisiblement. Mon Phaéton ne savait pas un mot de français ; pour moi, je ne possédais de la langue italienne que des phrases comme celle-ci : « Fa molto caldo. Piove. Quando lo pranzo? » Il était difficile que notre conversation fût d'un grand intérêt. L'aspect du pays était assez peu pittoresque, et le manque absolu de confortable dans les bourgs ou villages où nous nous arrêtions, achevait de me faire pester contre l'Italie, et la nécessité absurde qui m'y amenait. Mais un jour, sur les dix heures du matin, comme nous venions d'atteindre un petit groupe de maisons, appelé la Storta, le vetturino me dit tout-à-coup d'un air nonchalant, en se versant un verre de vin : « Ecco Roma, signore! » Et, sans se retourner, il me montrait du doigt la croix de Saint-Pierre. Ce peu de mots opéra en moi une révolution complète; je ne saurais exprimer le trouble, le saisissement que me causa l'aspect lointain de la ville immortelle, au milieu de cette immense plaine nue et désolée... Tout à mes yeux devint grand, poétique, sublime; l'imposante majesté de la *piazza del Popolo*, par laquelle on entre dans Rome en venant de France, vint encore quelque temps après augmenter ma religieuse émotion; et j'étais tout rêveur quand les chevaux, dont j'avais cessé de maudire la lenteur, s'arrêtèrent devant un palais de noble et sévère apparence; c'était l'Académie.

La *villa Medici*, qu'habitent les pensionnaires et le directeur de l'Académie de France, fut bâtie en 1557 par Annibal Lippi; Michel-Ange ensuite y ajouta une aile et quelques embellissements : elle est située sur cette portion du *monte Pincio* qui domine la ville, et de laquelle on jouit d'une des plus belles vues qu'il y ait au monde. A droite, s'étend la promenade du Pincio; c'est l'avenue des Champs-Elysées de Rome. Chaque soir, au moment où la chaleur commence à baisser, elle est inondée de promeneurs à pied, à cheval, et surtout en calèche découverte, qui, après avoir animé pendant quelque temps la solitude de ce magnifique plateau, en descendent précipitamment au coup de sept heures, et se dispersent comme un essaim de moucherons emporté par le vent. Telle est la crainte presque superstitieuse qu'inspire aux Romains le *mauvais air*, que si un petit nombre de promeneurs attardés, narguant l'influence pernicieuse de l'*aria cattiva*, s'arrête encore après la disparition de la foule, pour admirer la pompe du majestueux paysage déployé par le soleil couchant, derrière le *monte Mario*, qui borne l'horizon de ce côté, vous pouvez en être sûrs, ces imprudents rêveurs sont étrangers.

A gauche de la Villa, l'avenue du Pincio aboutit sur la petite place de la Trinita del Monte, ornée d'un obélisque, d'où un large escalier de marbre descend dans Rome, et sert de communication directe entre le haut de la colline et la place d'Espagne.

Du côté opposé, le palais s'ouvre sur de beaux jardins, dessinés dans le goût de Lenôtre, comme doivent l'être les jardins de toute honnête Académie. Un bois de lauriers et de chênes verts, élevé sur une terrasse, en fait partie, borné d'un côté par les remparts de Rome et de l'autre par le couvent des Ursulines-Françaises, attenant aux terrains de la villa Medici.

En face on aperçoit, au milieu des champs incultes de la villa Borghèse, la triste et désolée maison de campagne qu'habita Raphaël; et, comme pour assombrir encore ce mélancolique tableau, une ceinture de *pins-parasols* en tout temps couverte d'une noire armée de corbeaux, l'encadre à l'horizon.

Telle est à peu près la topographie de l'habitation vraiment royale, dont la munificence du gouvernement français a doté ses artistes pendant le temps de leur séjour à Rome. Les appartements du directeur y sont d'une somptuosité remarquable; bien des ambassadeurs seraient heureux d'en posséder de pareils. Les chambres des pensionnaires, à l'exception de deux ou trois, sont au contraire petites, incommodes, et surtout excessivement mal meublées. Je parie qu'un maréchal-des-logis de la caserne Popincourt, à Paris, est mieux partagé, sous ce rapport, que je ne l'étais au palais de l'Accademia di Francia. Dans le jardin sont la plupart des ateliers des peintres et sculpteurs; les autres sont disséminés dans l'intérieur de la maison et sur un petit balcon élevé donnant sur le jardin des Ursulines, d'où l'on aperçoit la chaine de la Sabine, le monte Cavo et le camp d'Annibal. De plus, une bibliothèque totalement dépourvue d'ouvrages nouveaux, mais assez bien fournie en livres classiques, est ouverte jusqu'à trois heures aux investigations des élèves laborieux, et présente au désœuvrement de ceux qui ne le sont pas une ressource contre l'ennui. Car il faut dire que la liberté dont ils jouissent est à peu près illimitée. Les pensionnaires sont bien tenus d'envoyer tous les ans à l'Académie de Paris, un tableau, un dessin, une statue, une médaille ou une partition; mais ce travail une fois fait, ils peuvent employer leur temps comme bon leur semble, où même ne pas l'employer du tout, sans que personne ait rien à y voir. La tâche du directeur se borne à administrer l'établissement, et à surveiller l'exécution du réglement qui le régit. Quant à la direction des études, il n'exerce sur elle aucune influence. Cela se conçoit; les vingt-deux élèves pensionnés, s'occupant de cinq arts, frères si l'on veut, mais différents, il n'est pas possible à un seul homme de les posséder tous, et il serait mal venu de donner son avis sur ceux qui lui sont étrangers.

A présent que le lecteur a un aperçu du lieu de la scène, je crois que le meilleur moyen de lui faire connaître les acteurs est de reprendre mon auto-biographie au point où je l'avais interrompue.

V

L'ARRIVÉE.

L'Ave Maria venait de sonner, quand je descendis de voiture à la porte de l'Académie ; cette heure étant celle du dîner, je m'empressai de me faire conduire au réfectoire, où l'on venait de m'apprendre que tous mes nouveaux camarades étaient réunis. Mon arrivée à Rome ayant été retardée par diverses circonstances, comme je l'ai dit plus haut, on n'attendait plus que moi; et, à peine eus-je mis le pied dans la vaste salle où siégeaient bruyamment autour d'une table bien garnie une vingtaine de convives, qu'un hourra à faire tomber les vitres, s'il y en avait eu, s'éleva à mon aspect.

— Oh! Berlioz! Berlioz! Oh! cette tête! Oh! ces cheveux! Oh! ce nez! Dis-donc, Jalay, il t'enfonce joliment pour le nez!

— Et toi, il te *recale* fièrement pour les cheveux !

— Mille dieux ! quel toupet !

— Eh ! Berlioz ! tu ne me reconnais pas ? Te rappelles-tu la séance de l'Institut ? Tes sacrées timbales qui ne sont pas parties pour l'incendie de Sardanapale ? Etait-il furieux ! Mais, ma foi, il y avait de quoi ! Voyons donc, tu ne me reconnais pas ?

— Je vous reconnais bien ; mais votre nom...

— Ah ! tiens, il me dit *vous*, tu te *manières*, mon vieux : on se tutoie tout de suite ici.

— Eh bien ! comment t'appelles-tu ?

— Il s'appelle Signol.

— Mieux que ça, Rossignol.

— Mauvais ! mauvais le calembour !

— Absurde !

— Laissez-le donc s'asseoir !

— Qui ? le calembour ?

— Non, Berlioz.

— Ohé ! Fleury, apportez-nous du punch, et du fameux ; cela vaudra mieux que les bêtises de cet autre qui veut faire le malin.

— Enfin, voilà notre section de musique au complet !

— Eh ! Monfort [2], voilà ton collègue.

[2] Monfort avait obtenu en 1830 le prix de composition musicale qui n'avait pas été décerné l'année précédente, il se trouvait conséquemment aussi à Rome quand j'y arrivai.

— Eh! Berlioz, voilà *ton-fort*.

— C'est *mon-fort*.

— C'est *son-fort*.

— C'est *notre-fort*.

— Embrassez-vous.

— Embrassons-nous.

— Ils ne s'embrasseront pas!

— Ils s'embrasseront!

— Ils ne s'embrasseront pas!

— Si!

— Non!

— Ah ça! mais, pendant qu'ils crient, tu manges tout le macaroni, toi; aurais-tu la bonté de m'en laisser un peu?

— Eh bien! embrassons-le tous, et que ça finisse!

— Non, que ça commence! voilà le punch! Ne bois pas ton vin.

— Non, plus de vin!

— A bas le vin!

— Cassons les bouteilles! Gare, Fleury!

— Pinck! panck!

— Messieurs, ne cassez pas les verres, au moins; il en faut pour le punch; je ne pense pas que vous veuilliez le boire dans de petits verres.

— Ah! les petits verres! Fi donc!

— Pas mal, Fleury! ce n'est pas maladroit; sans ça, tout y passait.

Fleury est le nom du factotum de la maison;

ce brave homme, si digne, à tous égards, de la confiance que lui accordent les directeurs de l'Académie, est en possession, depuis longues années, de servir à table les pensionnaires; il a vu tant de scènes semblables à celle que je viens de décrire, qu'il n'y fait plus attention, et garde en pareil cas un sérieux de glace, dont le contraste est vraiment plaisant. Quand je fus un peu revenu de l'étourdissement que devait me causer un tel accueil, je m'aperçus que le salon où je me trouvais offrait l'aspect le plus bizarre. Sur l'un des murs, sont encadrés les portraits des anciens pensionnaires, au nombre de cinquante environ; sur l'autre, qu'on ne peut regarder sans rire, d'effroyables fresques de grandeur naturelle, étalent une suite de caricatures, dont la monstruosité grotesque ne peut se décrire, et dont les originaux ont tous habité l'Académie. Malheureusement l'espace manque aujourd'hui pour continuer cette curieuse galerie, et les nouveaux venus, dont l'extérieur prête à la charge, ne peuvent plus être admis aux honneurs du grand *salon*.

Le soir même, après avoir salué M. Vernet, je suivis mes camarades au lieu habituel de leurs réunions, le fameux café Greco. C'est bien la plus détestable taverne qu'on puisse trouver, sale, obscure et humide; rien ne peut justifier la préférence que lui accordent les artistes de toutes les nations fixés à Rome. Mais son voisinage de la place d'Espagne et du restaurant Lepri qui est en face, lui amène un nombre considérable de chalands. On y tue le temps à fumer d'exécrables cigares, en buvant du café qui n'est guère meilleur, qu'on vous sert, non point sur des tables de marbre comme partout ailleurs, mais sur de petits guéridons de bois, larges comme la calotte d'un chapeau, et noirs et gluants comme les murs de cet aimable lieu. Le *café Greco* cependant, est tellement fréquenté par les artistes étrangers que la plupart s'y font adresser leurs lettres, et que les nouveaux débarqués n'ont rien de mieux à faire que de s'y rendre pour trouver des compatriotes.

VI

ÉPISODE BOUFFON.

> On a vu des fusils partir, qui n'étaient pas chargés,
> dit-on. On a vu plus souvent encore, je crois, des
> fusils chargés qui ne partaient pas.
>
> (Pascal.)

Je passai quelque temps à me façonner tant bien que mal à cette existence si nouvelle pour moi. Mais une vive inquiétude qui, dès le lendemain de mon arrivée, s'était emparée de mon esprit, ne me laissait d'attention ni pour les objets environnants, ni pour le cercle social où je venais d'être si brusquement introduit. Je n'avais pas trouvé à Rome des lettres de Paris qui auraient dû m'y précéder de plusieurs jours. Je les attendis pendant trois semaines avec une anxiété croissante; après ce temps, incapable de résister davantage au désir de connaître la cause de ce silence mystérieux, et malgré les remontrances amicales de M. Horace Vernet, qui essaya d'empêcher un coup de tête, en m'assurant qu'il serait obligé de me rayer de la liste des pensionnaires de l'Académie si je quittais l'Italie, je m'obstinai à rentrer en France.

En repassant à Florence, une esquinancie assez violente vint me clouer au lit pendant huit jours. Ce fut alors que je fis la connaissance de l'architecte danois Schlick, aimable garçon et artiste d'un talent classé très-haut par les connaisseurs. Pendant cette semaine de souffrances, je m'occupai à réinstrumenter la scène du bal de ma Symphonie fantastique, et j'ajoutai à ce morceau la *coda* qui existe maintenant. Je n'avais pas fini ce travail quand, le jour de ma première sortie, j'allai à la poste demander mes lettres. Le paquet qu'on me présenta contenait une épître d'une impudence si extraordinaire et si blessante pour un homme de l'âge et du caractère que j'avais alors, qu'il se passa soudain en moi quelque chose d'affreux. Deux larmes de rage jaillirent de mes yeux, et mon parti fut pris instantanément. Il s'agissait de voler à Paris, où j'avais à tuer sans rémission deux femmes coupables et un innocent. Quant à me tuer, moi, après ce beau coup, c'était de rigueur, on le pense bien. Le plan de l'expédition fut conçu en quelques minutes. On devait à Paris redouter mon retour, on me connaissait... Je résolus de ne m'y présenter qu'avec de grandes précautions et sous un déguisement. Je courus chez Schlick, qui n'ignorait pas le sujet du drame dont j'étais le principal acteur. En me voyant si pâle :

— Ah! mon Dieu! qu'y a-t-il?

— Voyez, lui dis-je en lui tendant la lettre, lisez!

— Oh! c'est monstrueux, répondit-il après avoir lu. Qu'allez-vous faire?

L'idée me vint aussitôt de le tromper, pour pouvoir agir plus librement.

— Ce que je vais faire? Je persiste à rentrer en France; mais je vais chez mon père au lieu de retourner à Paris.

— Oui, mon ami, vous avez raison; allez dans votre famille; c'est là seulement que vous pourrez, avec le temps, oublier vos chagrins et calmer l'effrayante agitation où je vous vois. Allons, du courage!

— J'en ai; mais il faut que je parte tout de suite, je ne répondrais pas de moi demain.

— Rien n'est plus aisé que de vous faire partir ce soir; je connais beaucoup de monde ici, à la police et à la poste; dans deux heures j'aurai votre passeport, et dans cinq votre place dans la voiture du courrier. Je vais m'occuper de tout cela; rentrez à l'hôtel faire vos préparatifs, je vous y rejoindrai.

Au lieu de rentrer, je m'acheminai vers le quai de l'Arno, où demeurait une marchande de modes française. J'entre dans son magasin, et tirant ma montre :

— Madame, lui dis-je, il est midi ; je pars ce soir avec le courrier, pouvez-vous, avant cinq heures, préparer pour moi une toilette complète de femme de chambre, robe, chapeau, voile vert, etc. ? Je vous donnerai ce que vous voudrez, je ne regarde pas à l'argent.

La marchande se consulte un instant, et m'assure que tout sera prêt avant l'heure indiquée. Je donne des arrhes et rentre, sur l'autre rive de l'Arno, à l'hôtel des Quatre-Nations où je logeais. J'appelle le premier sommelier.

— Antoine, je pars à six heures pour la France ; il m'est impossible d'emporter ma malle, je vous la confie. Envoyez-la par la première occasion sûre à mon père, dont voici l'adresse.

Et prenant la partition de la scène du Bal[1], dont la *coda* n'était pas entièrement instrumentée, j'écris en tête : *Je n'ai pas le temps de finir; s'il prend fantaisie à la Société des Concerts de Paris d'exécuter ce morceau en* L'ABSENCE *de l'auteur, je prie Habeneck de doubler à l'octave basse, avec les clarinettes et les cors, le trait*

---

[1] Ce manuscrit est entre les mains de mon ami J. d'Ortigue, avec l'inscription raturée.

des flûtes placé sur la dernière rentrée du thème, et d'écrire à plein orchestre les accords qui suivent. Cela suffira pour la conclusion.

Puis je mets la partition de ma Symphonie fantastique, adressée sous enveloppe à Habeneck, dans une valise, avec quelques hardes ; j'avais une paire de pistolets à deux coups, je les charge convenablement ; j'examine et je place dans mes poches deux petites bouteilles de rafraîchissements, tels que laudanum, stricnine ; et, la conscience en repos au sujet de mon arsenal, je m'en vais attendre l'heure du départ, en parcourant sans but les rues de Florence avec cet air malade, inquiet et inquiétant des chiens enragés.

A cinq heures, je retourne chez ma modiste ; on m'essaie ma parure qui va fort bien. En payant le prix convenu, je donne vingt francs de trop; une jeune ouvrière, assise devant le comptoir s'en aperçoit et veut me le faire observer; mais la maîtresse du magasin, jetant d'un geste rapide mes pièces d'or dans son tiroir, la repousse et l'interrompt par un :

« Allons, petite bête, laissez monsieur tranquille ! croyez-vous qu'il ait le temps d'écouter vos sottises ! » Et répondant à mon sourire ironique par un salut curieux mais plein de grace : « Mille remerciments, monsieur, j'augure bien du succès, vous serez *charmante*, sans aucun doute, dans votre petite comédie. »

Six heures sonnent enfin; mes adieux faits à ce vertueux Schlick, qui voyait en moi une brebis égarée et blessée rentrant au bercail, ma parure féminine soigneusement serrée dans une des poches de la voiture, je salue du regard le Persée de Benvenuto et sa fameuse inscription : « *Si quis te læserit,* ego *tuus ultor ero* [1] » et nous partons.

Les lieues se succèdent, et toujours entre le courrier et moi règne un profond silence. J'avais la gorge et les dents serrées ; je ne mangeais pas, je ne buvais pas, je ne parlais pas. Quelques mots furent échangés seulement vers minuit, au sujet des pistolets, dont le prudent conducteur ôta les capsules et qu'il cacha ensuite sous les coussins de la voiture. Il craignait que nous ne vinssions à être attaqués, et en pareil cas, disait-il, on ne doit jamais montrer la moindre intention de se défendre quand on ne veut pas être assassiné.

—A votre aise, lui répondis-je, je serais bien fâché de nous compromettre, et je n'en veux pas aux brigands !

Arrivé à Gênes, sans avoir avalé autre chose que le jus d'une orange, au grand étonnement de mon compagnon de voyage qui ne savait trop

[1] Si quelqu'un t'offense je te vengerai.
Cette statue célèbre est sur la place du Grand-Duc, où se trouve aussi la poste.

si j'étais de ce monde ou de l'autre, je m'aperçois d'un nouveau malheur : Mon costume de femme était perdu. Nous avions changé de voiture à un village nommé Pietra-Santa et en quittant celle qui nous amenait de Florence, j'y avais oublié tous mes atours. « Feux et tonnerres! m'écriai-je, ne semble-t-il pas qu'un bon ange maudit veuille m'empêcher d'exécuter mon projet! c'est ce que nous verrons! »

Aussitôt je fais venir un domestique de place parlant le français et le génois. Il me conduit chez une modiste. Il était près de midi, le courrier repartait à six heures. Je demande un nouveau costume : on refuse de l'entreprendre, ne pouvant l'achever en si peu de temps. Nous allons chez une autre, chez deux autres, chez trois autres modistes, même refus. Une enfin annonce qu'elle va rassembler plusieurs ouvrières et qu'elle essaiera de me parer avant l'heure du départ.

Elle tient parole; je suis reparé. Mais pendant que je courais ainsi les grisettes, ne voilà-t-il pas la police sarde qui s'avise, sur l'inspection de mon passeport, de me prendre pour un émissaire de la révolution de juillet, pour un co-carbonaro, pour un conspirateur, pour un libérateur, de refuser de viser le dit passeport pour Turin, et de m'enjoindre de passer par Nice!

« Eh! mon Dieu, visez pour Nice, qu'est-ce que cela me fait? je passerai par l'enfer si vous voulez, pourvu que je passe ! »

Lequel des deux était le plus splendidement niais, de la police, qui ne voyait, dans tous les Français, que des missionnaires de la Révolution, ou de moi, qui me croyais obligé de ne pas mettre le pied dans Paris sans être déguisé en femme, comme si tout le monde, en me reconnaissant, eût dû lire sur mon front le projet qui m'y ramenait ; ou comme si, en me cachant vingt-quatre heures dans un hôtel, je n'eusse pas dû trouver cinquante marchandes de mode pour une, capables de me fagoter à merveille.

Les gens passionnés sont charmants, ils s'imaginent tous, que le monde entier est préoccupé de leur passion quelle qu'elle soit, et ils mettent une bonne foi vraiment édifiante à se conformer à cette opinion.

Je pris donc la route de Nice, sans décolérer. Je repassais même avec beaucoup de soin dans ma tête, la *petite comédie* que j'allais jouer en arrivant à Paris. Je me présentais chez mes *amis* sur les neuf heures du soir, au moment où la famille était réunie et prête à prendre le thé ; je me faisais annoncer comme la femme de chambre de madame la comtesse M..., chargée d'un message important et pressé ; on m'introduisait au salon, je remettais une lettre, et pendant qu'on s'occupait à la lire, tirant de mon sein mes deux pistolets doubles, je cassais la tête au numéro un, au numéro deux, je saisissais par les cheveux le numéro trois, je me faisais reconnaître, malgré ses cris je lui adressais mon troisième compliment; après quoi, avant que ce concert de voix et d'instruments n'eût attiré des curieux, je me lâchais sur la tempe droite le quatrième argument irrésistible, et si le pistolet venait à rater (cela s'est vu), je me hâtais d'avoir recours à mes petits flacons. Oh! la jolie scène! c'est vraiment dommage qu'elle ait été supprimée!

Cependant, malgré ma rage condensée, je me disais parfois en cheminant : « Oui, cela sera délicieux, j'aurai là un moment bien agréable! mais la nécessité de me tuer ensuite, est assez... fâcheuse. Dire adieu ainsi au monde, à l'art; ne laisser d'autre réputation que celle d'un brutal qui ne savait pas vivre; n'avoir pas même terminé les corrections de ma première symphonie; avoir en tête d'autres partitions.... plus grandes..... ah!..... c'est..... » Et revenant à mon idée sanglante : « Non, non, non, non, il faut qu'ils meurent tous, il faut que je les extermine, il faut que je leur brise le crâne, il le faut, et cela sera! cela sera!.... » Et les chevaux trottaient, m'emportant vers la France. La nuit vint; nous suivions la route de la Corniche, taillée dans le rocher à deux ou trois cents toises au-dessus de la mer, qui baigne en cet endroit le pied des Alpes. L'amour de la vie et l'amour de l'art, depuis une heure, me répétaient secrètement mille douces promesses, et je les laissais dire; je trouvais même un certain charme à les écouter, quand, tout d'un coup, le postillon ayant arrêté ses chevaux pour mettre le sabot à la voiture, cet instant de silence me permit d'entendre les sourds râlements de la mer, qui brisait furieuse au fond du précipice. Ce bruit éveilla un écho terrible et fit éclater dans ma poitrine une nouvelle tempête, plus effrayante que toutes celles qui l'avaient précédée. Je râlai comme la mer, et m'appuyant de mes deux mains sur la banquette où j'étais assis, je fis un mouvement convulsif comme pour m'élancer en avant, en poussant un *Ha!* si rauque, si sauvage, que le malheureux conducteur, bondissant de côté, crut décidément avoir pour compagnon de voyage quelque diable contraint de porter un morceau de la vraie croix.

Cependant, l'intermittence existait, il fallait le reconnaître; il y avait lutte entre la vie et la mort. Dès que je m'en fus aperçu, je fis ce raisonnement qui ne me semble point trop saugrenu, vu le temps et le lieu : « Si je profitais du bon moment (le bon moment était celui où la vie venait coqueter avec moi. J'allais me rendre, on le voit), si je profitais, dis-je, du bon moment, pour me cramponner de quelque façon et m'appuyer sur quelque chose, afin de mieux résister au retour du mauvais ; peut-être viendrais-je à bout de prendre une résolution.... vitale. Voyons donc. » Nous traversions à cette heure, un village sarde, sur une plage, au niveau de la mer qui ne rugissait pas trop. On s'arrête pour changer de chevaux, je demande au conducteur le temps d'écrire une lettre; j'entre dans un petit café, je prends un chiffon de papier, et j'écris au directeur de l'Académie de Rome, M. Horace Vernet, *de vouloir bien me conserver sur la liste des pensionnaires, s'il ne m'en avait pas rayé; que je n'avais point encore enfreint le réglement, et que je* M'ENGAGEAIS SUR L'HONNEUR *à ne pas passer la frontière d'Italie jusqu'à ce que sa réponse me fût parvenue à Nice, où j'allais l'attendre.*

Ainsi lié par ma parole, et sûr de pouvoir toujours en revenir à mon projet de Huron, si, exclu de l'Académie, privé de ma pension, je me trouvais sans feu, ni lieu, ni sou, ni maille, je remontai plus tranquillement en voiture. Je m'aperçus même tout-à-coup que... *j'avais faim*, n'ayant rien mangé depuis Florence. O bonne grosse nature ! décidément j'étais repris.

J'arrivai à cette heureuse ville de Nice, grondant encore un peu. J'attendis quelques jours ; vint la réponse de M. Vernet ; réponse amicale, bienveillante, paternelle, dont je fus profondément touché. Ce grand artiste, sans connaître le sujet de mon trouble, me donnait des conseils qui s'y appliquaient on ne peut mieux ; il m'indiquait le travail et l'amour de l'art comme les deux remèdes souverains contre les tourmentes morales ; il m'annonçait que mon nom était resté sur la liste des pensionnaires, que le ministre ne serait pas instruit de mon équipée et que je pouvais revenir à Rome où l'on me recevrait à bras ouverts.

— Allons, ils sont sauvés, fis-je en soupirant profondément. Et si je vivais maintenant ! Si je vivais tranquillement, heureusement, musicalement ! Oh ! la plaisante affaire !... Essayons.

Voilà que j'aspire l'air tiède et embaumé de Nice à pleins poumons ; voilà la vie et la joie qui accourent à tire-d'ailes, et la musique qui m'embrasse, et l'avenir qui me sourit, et je reste à Nice un mois entier à errer dans les bois d'orangers, à me plonger dans la mer, à dormir nu sur les bruyères des montagnes de Villefranche, à voir du haut de ce radieux observatoire les navires venir, passer et disparaître silencieusement. Je vis entièrement seul, j'écris l'ouverture du *Roi Lear*, je chante, je crois en Dieu ! Convalescence.

C'est ainsi que j'ai passé à Nice les vingt plus

beaux jours de ma vie. Nizza ! Nizza ! ô rimenbranza !

Mais la police du roi de Sardaigne vint encore troubler mon paisible bonheur et m'obliger à y mettre un terme.

J'avais fini par échanger quelques paroles au café avec deux officiers de la garnison piémontaise ; il m'arriva même un jour de faire avec eux une partie de billard ; cela suffit pour inspirer au chef de la police des soupçons graves sur mon compte.

— Évidemment ce jeune musicien français n'est pas venu à Nice pour assister aux représentations de *Mathilde de Sabran* (le seul ouvrage qu'on y entendît alors), il ne va jamais au théâtre. Il passe des journées entières dans les rochers de Villefranche..... il y attend un signal de quelque vaisseau révolutionnaire..... Il ne dîne pas à table d'hôte..... pour éviter les insidieuses conversations des agents secrets. Le voilà qui se lie tout doucement avec les chefs de nos régiments..... Il va entamer avec eux les négociations dont il est chargé au nom de *la Jeune Italie*, cela est clair, la conspiration est flagrante !

O grand homme ! politique profond, tu es délirant, va !

Je suis mandé au bureau de police et interrogé en formes.

— Que faites-vous ici, Monsieur?

— Je me rétablis d'une maladie cruelle; je compose, je rêve, je remercie Dieu d'avoir fait un si beau soleil, une mer si belle, des montagnes si verdoyantes.

— Vous n'êtes pas peintre?

— Non, Monsieur.

— Cependant, on vous voit partout, un album à la main et dessinant beaucoup; seriez-vous occupé à lever quelque plan?

— Oui, je *lève le plan* d'une ouverture du *Roi Lear*, c'est-à-dire, j'ai levé ce plan, car le dessin et l'instrumentation en sont tout-à-fait terminés; je crois même que l'entrée en sera formidable!

— Comment l'entrée? qu'est-ce que ce roi Lear?

— Hélas! monsieur, c'est un vieux bonhomme de roi d'Angleterre.

— D'Angleterre!

— Oui, qui vécut, au dire de Shakespeare, il y a quelque dix-huit cents ans, et qui eut la faiblesse de partager son royaume à deux filles scélérates qu'il avait, et qui le mirent à la porte quand il n'eut plus rien à leur donner. Vous voyez qu'il y a peu de rois.....

— Ne parlons pas du Roi!..... Vous entendez par ce mot instrumentation?.....

— C'est un terme de musique.

— Toujours ce prétexte! Je sais très-bien, monsieur, qu'on ne compose pas ainsi de la musique sans piano, seulement avec un album et un crayon, en marchant silencieusement sur les grèves! Ainsi donc, veuillez nous dire où vous comptez aller, on va vous rendre votre passeport; vous ne pouvez rester à Nice plus longtemps.

— Alors je retournerai à Rome, en composant encore sans piano, avec votre permission.

Ainsi fut fait. Je quittai Nice le lendemain fort contre mon gré, il est vrai, mais le cœur léger et plein d'*allegria*, et bien vivant et bien guéri. Et c'est ainsi qu'une fois encore on a vu *des pistolets chargés qui ne sont pas partis.*

C'est égal, je crois que ma petite comédie avait un certain intérêt, et c'est vraiment dommage qu'elle n'ait pas été représentée!....

VII

RETOUR A ROME.

En repassant à Gênes, j'allai entendre l'*Agnese* de Paër. Cet opéra fut célèbre à l'époque de transition crépusculaire qui précéda *le lever* de Rossini.

L'impression de froid ennui dont il m'accabla tenait sans doute à la détestable exécution qui en paralysait les beautés. Je remarquai d'abord que, suivant la louable habitude de certaines gens qui, bien qu'incapables de rien *faire*, se croient appelés à tout *refaire* ou retoucher, et qui, de leur coup-d'œil d'aigle aperçoivent tout de suite ce qui manque dans un ouvrage, on avait renforcé d'une grosse caisse l'instrumentation sage et modérée de Paër ; de sorte qu'écrasé sous le tampon du maudit instrument, cet orchestre, qui n'avait pas été écrit de manière à lui résister, disparaissait entièrement. Madame Ferlotti chantait (elle se gardait bien de le jouer) le rôle d'Agnèse. En cantatrice qui sait, à un franc près, ce que son gosier lui rapporte par an, elle répondait à la douloureuse folie de son père par le plus imperturbable sang-froid, la plus complète insensibilité; on eût dit qu'elle ne faisait qu'une répétition de son rôle, indiquant à peine les gestes et chantant sans expression pour ne pas se fatiguer.

L'orchestre m'a paru passable. C'est une petite troupe fort inoffensive; mais les violons jouent juste et les instruments à vent suivent assez bien la mesure. A propos de violon..... pendant que je m'ennuyais dans sa ville natale, Paganini enthousiasmait tout Paris. Maudissant le mauvais destin qui me privait du bonheur de l'entendre, je cherchais au moins à obtenir de ses compatriotes quelques renseignements sur lui; mais les Génois sont, comme les habitants de toutes les villes de commerce, fort indifférents pour les beaux-arts. Ils me parlèrent très froidement de l'homme extraordinaire que l'Allemagne, la France et l'Angleterre ont accueilli avec acclamations. Je demandai la maison de son père, on ne put me l'indiquer. A la vérité, je cherchai aussi dans Gênes le temple, la pyramide, enfin le monument que je pensais avoir été élevé à la mémoire de Colomb, et le buste du grand homme qui découvrit le Nouveau-Monde n'a pas même frappé une fois mes regards pendant que j'errais dans les rues de l'ingrate cité qui lui donna naissance et dont il fit la gloire.

De toutes les capitales d'Italie aucune ne m'a laissé d'aussi gracieux souvenirs que Florence. Loin de m'y sentir dévoré de spleen, comme je le fus plus tard à Rome et à Naples, complètement inconnu, ne connaissant personne, avec quelques poignées de piastres à ma disposition, malgré la brèche énorme que la course à Nice avait faite à ma fortune, jouissant en conséquence de la plus entière liberté, j'y ai passé de bien douces journées, soit à parcourir ses nombreux monuments en rêvant de Dante et de Michel-Ange, soit à lire Shakespeare dans les bois délicieux qui bordent la rive gauche de l'Arno et dont la solitude profonde me permettait de crier à mon aise d'admiration. Sachant bien que je ne trouverais pas dans la capitale de la Toscane ce que Naples et Milan me faisaient tout au plus espérer, je ne songeais guère à la musique, quand les conversations de table d'hôte m'apprirent que le nouvel opéra de Bellini (*I Montecchi ed i Capuletti*) allait être représenté. On disait beaucoup de bien de la musique, mais aussi beaucoup du libretto, ce qui, eu égard au peu de cas que les Italiens font pour l'ordinaire des paroles d'un opéra, me surprenait étrangement. Ah! ah! c'est une innovation!!! Je vais donc, après tant de misérables essais lyriques sur ce beau drame, entendre un véritable opéra de Roméo, digne du génie de Shakespeare! Dieu! quel sujet! comme tout y est dessiné pour la musique!... D'abord, le bal éblouissant dans la maison de Capulet, où, au milieu d'un essaim tourbillonnant de beautés, le jeune Montaigu aperçoit pour la première fois la *sweet Juliet,* dont la fidélité doit lui coûter la vie ; puis ces combats furieux dans les rues de Vérone, auxquels le bouillant *Tybald* semble présider comme le génie de la colère et de la vengeance ; cette inexprimable scène de nuit au balcon de Juliette, où les deux amants murmurent un concert d'amour tendre, doux et pur comme les rayons de l'astre des nuits qui les garde en souriant amicalement ; les piquantes bouffonneries de l'insouciant Mercutio, le naïf caquet de la vieille nourrice, le grave caractère de l'ermite, cherchant inutilement à ramener un peu de calme sur ces flots d'amour et de haine dont le choc tumultueux retentit jusque dans sa modeste cellule... puis l'affreuse catastrophe, l'ivresse du bonheur aux prises avec celle du désespoir, de voluptueux soupirs changés en râle de mort, et enfin le serment solennel des deux familles ennemies jurant, trop tard, sur le cadavre de leurs malheureux enfants, d'éteindre

la haine qui fit verser tant de sang et de larmes.
— Les miennes coulaient en y songeant. Je courus donc au théâtre de la Pergola. Les choristes nombreux qui couvraient la scène me parurent assez bons, leurs voix sonores et mordantes; il y avait surtout une douzaine de petits garçons de quatorze à quinze ans dont les *contralti* étaient d'un excellent effet. Les personnages se présentèrent successivement et chantèrent presque tous faux, à l'exception de deux femmes, dont l'une *grande et forte* remplissait le rôle de *Juliette*, et l'autre *petite et grêle* celui de *Roméo*. — Pour la troisième ou quatrième fois, après Zingarelli et Vaccaï, écrire encore Roméo pour une femme !... Mais au nom de Dieu, est-il donc décidé que l'amant de Juliette doit paraître dépourvu des attributs de la virilité? Est-il un enfant, celui qui, en trois passes, perce le cœur du *furieux Tybald, le héros de l'escrime*, et qui, plus tard, après avoir brisé les portes du tombeau de sa maîtresse, d'un bras dédaigneux étend mort sur les degrés du monument le comte Pâris qui l'a provoqué?... Et son désespoir au moment de l'exil, sa sombre et terrible résignation en apprenant la mort de Juliette, son délire convulsif après avoir bu le poison, toutes ces passions volcaniques germent-elles d'ordinaire dans l'ame d'un eunuque?...

Trouverait-on que l'effet musical de deux voix

féminines est le meilleur?... Alors, à quoi bon des ténors, des basses, des barytons? Faites donc jouer tous les rôles par des soprani ou des contralti, Moïse et Otello ne seront pas beaucoup plus étranges avec une voix flûtée que ne l'est Roméo. Mais il faut en prendre son parti; la composition de l'ouvrage va me dédommager...

Quel désappointement!!! Dans le libretto il n'y a point de bal chez Capulet, point de Mercutio, point de nourrice babillarde, point d'ermite grave et calme, point de scène au balcon, point de sublime monologue pour Juliette recevant la fiole de l'ermite, point de duo dans la cellule entre Roméo banni et l'ermite désolé; point de Shakespeare, rien; un ouvrage manqué, mutilé, défiguré, *arrangé*. Et c'est un grand poète pourtant, c'est Felix Romani, que les habitudes mesquines des théâtres lyriques d'Italie ont contraint à découper un si pauvre libretto dans le chef-d'œuvre shakespearien!

Le musicien toutefois a su rendre fort belle une des principales situations : A la fin d'un acte, les deux amants séparés de force par leurs parents furieux, s'échappent un instant des bras qui les retenaient et s'écrient en s'embrassant : « Nous nous reverrons aux cieux. » Bellini a mis, sur les paroles qui expriment cette idée, une phrase d'un mouvement vif, passionné, pleine d'élan, et *chantée à l'unisson* par les deux personnages. Ces deux voix, vibrant ensemble comme une seule, symbole d'une union parfaite, donnent à la mélodie une force d'impulsion extraordinaire ; et, soit par l'encadrement de la phrase mélodique et la manière dont elle est ramenée, soit par l'étrangeté bien motivée de cet unisson, auquel on est loin de s'attendre, soit enfin par la mélodie elle-même, j'avoue que j'ai été remué à l'improviste et que j'ai applaudi avec transport. On a singulièrement abusé depuis lors des duos à l'unisson. — Décidé à boire le calice jusqu'à la lie, je voulus, quelques jours après, entendre la *Vestale* de Paccini. Quoique ce que j'en connaissais déjà m'eût bien prouvé qu'elle n'avait de commune avec l'héroïque et sublime conception de Spontini que le titre, je ne m'attendais à rien de pareil..... Licinius était encore joué par une femme..... Après quelques instants d'une pénible attention, j'ai dû m'écrier comme Hamlet : « Ceci est de l'absynthe! » et ne me sentant pas capable d'en avaler davantage, je suis parti au milieu du second acte, donnant un terrible coup de pied dans le parquet, qui m'a si fort endommagé le gros orteil que je m'en suis ressenti pendant plusieurs jours. — Pauvre Italie!... Au moins, va-t-on me dire, dans les églises la pompe musicale doit être digne des cérémonies auxquelles elle se rattache. Pauvre Italie!... on verra plus tard quelle musique on fait à Rome, dans la capitale du monde chrétien ; en attendant, voilà ce que j'ai entendu de mes propres oreilles pendant mon séjour à Florence.

C'était peu après l'explosion de Modène et de Bologne ; les deux fils de Louis Bonaparte y avaient pris part ; leur mère, la reine Hortense, fuyait avec l'un d'eux ; l'autre venait d'expirer dans les bras de son père. On célébrait le service funèbre ; toute l'église tendue de noir, un immense appareil funéraire de prêtres, de catafalques, de flambeaux, invitaient moins aux tristes et grandes pensées que les souvenirs éveillés dans l'ame par le nom de celui pour qui l'on priait.... Napoléon Bonaparte !.... Il s'appelait ainsi !.... c'était *son* neveu !.... presque *son* petit-fils !.... mort à vingt ans.... Et sa mère, arrachant le dernier de ses fils à la hache des réactions, fuit en Angleterre.... La France lui est interdite.... la France, où luirent pour elle tant de glorieux jours.... Mon esprit, remontant le cours du temps, me la représentait, joyeuse enfant créole, dansant sur le pont du vaisseau qui l'amenait sur le vieux continent, simple fille de madame Beauharnais, plus tard fille adoptive du maître de l'Europe, reine de Hollande, et enfin exilée, oubliée, orpheline, mère éperdue, reine fugitive et sans Etats.... Oh ! Beethoven !.... où était la grande ame, l'esprit profond et homérique qui conçut la *Symphonie héroïque*, la *Marche funèbre pour la mort d'un héros*, et tant d'autres miraculeuses poésies musicales qui arrachent des larmes et oppressent le cœur?.... L'organiste avait tiré les registres de *petites flûtes* et folâtrait dans le haut du clavier, en sifflottant de *petits airs gais*, comme font les roitelets quand, perchés sur le mur d'un jardin, ils s'ébattent aux pâles rayons d'un soleil d'hiver.... La fête *del Corpus Domini* (la Fête-Dieu) devait être célébrée prochainement à Rome ; j'en entendais constamment parler autour de moi depuis quelques jours comme d'une chose extraordinaire. Je m'empressai donc de m'acheminer vers la capitale des Etats pontificaux avec plusieurs Florentins que le même motif y attirait. Il ne fut question, pendant tout le voyage, que des merveilles qui allaient être offertes à notre admiration. Ces messieurs me déroulaient un tableau tout resplendissant de tiares, mitres, chasubles, croix brillantes, vêtements d'or, nuages d'encens, etc.

— *Ma la musica ?*....

— *Oh! signore, lei sentira un coro immenso*. Puis ils retombaient sur les nuages d'encens, les vêtements dorés, les brillantes croix, le tumulte des cloches et des canons. Mais Robin en revient toujours à.....

— *La musica ?* demandais-je encore, *la musica di questa ceremonia ?*

— *Oh ! signore, lei sentira un coro immenso.*

— Allons, il parait que ce sera.... un chœur immense, après tout. Je pensais déjà à la pompe musicale des cérémonies religieuses dans le temple de Salomon; mon imagination, s'enflammant de plus en plus, j'allais jusqu'à espérer quelque chose de comparable au luxe gigantesque de l'ancienne Egypte.... Faculté maudite, qui ne fait de notre vie qu'un mirage continuel !... Sans elle, j'eusse peut-être été ravi de l'aigre et discordant fausset des *castrati* qui me firent entendre un sot et insipide contrepoint; sans elle, je n'aurais point été surpris, sans doute, de ne pas trouver à la procession *del Corpus Domini* un essaim de jeunes vierges, aux vêtements blancs, à la voix pure et fraîche, aux traits empreints de sentiments religieux, exhalant vers le ciel de pieux cantiques, harmonieux parfums de ces roses vivantes; sans cette fatale imagination, ces deux groupes de clarinettes canardes, de trombonnes rugissants, de grosses caisses furibondes, de trompettes saltimbanques, ne m'eussent pas révolté par leur impie et brutale cacophonie. Il est vrai que, dans ce cas, il eût aussi fallu supprimer l'organe de l'ouïe. On appelle cela à Rome *musique militaire*. Que le vieux Silène, monté sur un âne, suivi d'une troupe de grossiers satyres et d'impures Bacchantes soit escorté d'un pareil concert, rien de mieux; mais le Saint-Sacrement, le pape, les images de la Vierge !!! Ce n'était pourtant que le prélude des mystifications qui m'attendaient. Mais n'anticipons pas.

Me voilà réinstallé à la Villa Medici, bien accueilli du Directeur, fêté de tous mes camarades, dont la curiosité était excitée, sans doute, sur le but du pèlerinage que je venais d'accomplir, mais qui pourtant furent tous à mon égard d'une réserve exemplaire.

J'étais parti, j'avais eu mes raisons pour partir; je revenais, c'était à merveille; pas de commentaires, pas de questions.

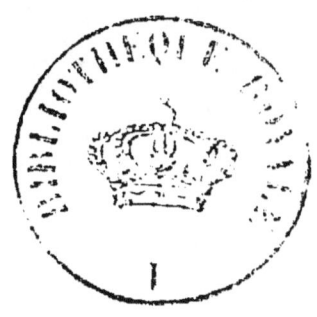

VIII

LA VIE DE L'ACADÉMIE.

J'étais déjà au fait des habitudes du dedans et du dehors de l'Académie. Une cloche, parcourant les divers corridors et les allées du jardin, annonce l'heure des repas. Chacun d'accourir alors dans le costume où il se trouve; en chapeau de paille, en blouse déchirée ou couverte de terre glaise, les pieds en pantouffles, sans cravate, enfin dans le délabrement complet d'une parure d'atelier. Après le déjeûner, nous perdions ordinairement une ou deux heures dans le jardin, à jouer au disque, à la paume, à tirer le pistolet, à fusiller les malheureux merles qui habitent le bois de lauriers, ou à dresser de jeunes chiens. Tous exercices auxquels M. Horace Vernet, dont les rapports avec nous étaient plutôt d'un excellent camarade que d'un sévère directeur, prenait part fort souvent. Le soir, c'était la visite obligée au café Greco, où les artistes français, non attachés à l'Académie, que nous appelions *les hommes d'en bas*, fumaient avec nous le *cigare de l'amitié*, en buvant le *punch du patriotisme*. Après quoi, chacun se dispersait..... Ceux qui rentraient vertueusement à la caserne académique, se réunissaient quelquefois sous le grand vestibule qui donne sur le jardin. Quand je m'y trouvais, ma mauvaise voix et ma misérable guitare étaient mises à contribution, et assis tous ensemble autour d'un petit jet d'eau qui, en retombant dans une coupe de marbre, rafraîchit ce portique retentissant, nous chantions au clair de lune les rêveuses mélodies du Freyschütz, d'Obéron, les chœurs énergiques d'Euryanthe, ou des actes entiers d'Iphigénie en Tauride, de la Vestale ou de don Juan ; car je dois dire à la louange de mes commensaux de l'Académie, que leur goût musical était des moins vulgaires.

Nous avions, en revanche, un genre de concerts que nous appelions *concerts anglais*, et qui ne manquait pas d'agrément, après les dîners un peu échevelés. Les buveurs, plus ou moins chanteurs, mais possédant tant bien que mal quelque air favori, s'arrangeaient de manière à en avoir tous un différent ; pour obtenir la plus grande variété possible, chacun d'ailleurs chantait dans un autre ton que son voisin. Duc, le spirituel et savant architecte [1], chantait sa chanson de *la Colonne*, Dantan celle du *Sultan Saladin*, Montfort triomphait dans la marche de *la Vestale*, Signol était plein de charmes dans la romance *Fleuve du Tage*, et j'avais quelque succès dans l'air si tendre et si naïf *Il pleut, bergère*. A un signal donné, les concertants partaient les uns après les autres, et ce vaste morceau d'ensemble à vingt-quatre parties s'exécutait en crescendo, accompagné, sur la promenade du Pincio, par les hurlements douloureux des chiens épouvantés, pendant que les barbiers de la place d'Espagne, souriant d'un air narquois sur le seuil de leur boutique, se renvoyaient l'un à l'autre cette naïve exclamation : *musica francese!*

Le jeudi était le jour de grande réception chez le directeur. La plus brillante société de Rome se réunissait alors aux soirées fashionables que madame et mademoiselle Vernet présidaient avec tant de goût. On pense bien que les pensionnaires n'avaient garde d'y manquer. La journée du dimanche, au contraire, était presque toujours

---

[1] Nous étions loin de nous douter alors que nous ferions tous les deux en 1840 l'inauguration de la belle colonne de la Bastille, dont il est l'auteur ; et qu'il serait chargé de construire un orchestre pour recevoir les exécutants de ma symphonie funèbre.

consacrée à des courses plus ou moins longues dans les environs de Rome. C'étaient *Ponte Molle*, où l'on va boire une sorte de drogue douceâtre et huileuse, liqueur favorite des Romains, qu'on appelle vin d'Orvieto; la villa Pamphili, Saint-Laurent hors les murs, et surtout le magnifique tombeau de Cecilia Metella, dont il est de rigueur d'interroger longuement le curieux écho, pour s'enrouer et avoir ainsi le prétexte d'aller se rafraîchir dans une osteria qu'on trouve à quelques pas de là, avec un gros vin noir, rempli de moucherons.

Avec la permission du directeur, les pensionnaires peuvent entreprendre de plus longs voyages, d'une durée indéterminée, à la condition seulement de ne pas sortir des États-Romains, jusqu'au moment où le réglement les autorise à visiter toutes les parties de l'Italie. Voilà pourquoi le nombre des habitants de l'Académie n'est que fort rarement au complet. Il y en a presque toujours au moins deux en tournée à Naples, à Venise, à Florence, à Palerme ou à Milan. Les peintres et les sculpteurs, trouvant Michel-Ange et Raphaël à Rome, sont ordinairement les moins pressés d'en sortir; les temples de Pestum, Pompéi, la Sicile, excitent vivement au contraire la curiosité des architectes; les paysagistes passent la plus grande partie de leur temps dans les montagnes; pour les musiciens, comme les différentes capitales d'Italie leur offrent toutes à peu près le même degré d'intérêt, ils n'ont pour quitter Rome d'autres motifs que *le désir de voir et l'humeur inquiète*, et rien que leurs sympathies personnelles ne peut influer sur la direction ou la durée de leurs voyages. Usant de la liberté qui nous était accordée, je cédais à mon penchant pour les explorations aventureuses, et me sauvais aux Abruzzes quand l'ennui de Rome me desséchait le sang. Sans cela je ne sais trop comment j'aurais pu résister à la monotonie d'une pareille existence. On conçoit, en effet, que la gaîté de nos réunions d'artistes, les bals élégants de l'Académie et de l'ambassade, le laisser-aller de l'estaminet, n'aient guère pu me faire oublier que j'arrivais de Paris, du centre de la civilisation, et que je me trouvais tout d'un coup sevré de musique, de théâtre [1], de littérature [2], d'agitations, de tout enfin ce qui composait ma vie.

Il ne faut pas s'étonner que la grande ombre de la Rome antique, qui seule poétise la nouvelle, n'ait pas suffi pour me dédommager de ce qui me manquait. On se familiarise bien vite

[1] Les théâtres lyriques, à Rome, ne sont ouverts que quatre mois de l'année.

[2] Il est fort difficile de se procurer les chefs-d'œuvre de la littérature moderne; la police du S. P. les ayant presque tous mis à l'index.

avec les objets qu'on a sans cesse sous les yeux, et ils finissent par ne plus éveiller dans l'âme que des impressions et des idées ordinaires. Je dois pourtant en excepter le Colysée ; le jour ou la nuit je ne le voyais jamais de sang-froid. Saint-Pierre me faisait aussi toujours éprouver un frisson d'admiration. C'est si grand! si noble! si beau! si majestueusement calme !!! J'aimais à y passer la journée pendant les intolérables chaleurs de l'été. Je portais avec moi un volume de Byron, et m'établissant commodément dans un confessionnal, jouissant d'une fraîche atmosphère, d'un silence religieux, interrompu seulement à longs intervalles par l'harmonieux murmure des deux fontaines de la grande place de Saint-Pierre, que des bouffées de vent apportaient jusqu'à mon oreille, je dévorais à loisir cette ardente poésie; je suivais sur les ondes les courses audacieuses du Corsaire ; j'adorais profondément ce caractère à la fois inexorable et tendre, impitoyable et généreux, composé bizarre de deux sentiments, opposés en apparence, la haine de l'espèce et l'amour d'une femme.

Parfois quittant mon livre pour réfléchir, je promenais mes regards autour de moi; mes yeux, attirés par la lumière, se levaient vers la sublime coupole de Michel-Ange. Quelle brusque transition d'idées !!! Des cris de rage des pirates, de leurs orgies sanglantes, je passais tout-à-coup au concert des séraphins, à la paix de la vertu, à la quiétude infinie du ciel.... Puis ma pensée, abaissant son vol, se plaisait à chercher sur le parvis du temple la trace des pas du noble poëte....

— Il a du venir contempler ce groupe de Canova, me disais-je ; ses pieds ont foulé ce marbre, ses mains se sont promenées sur les contours de ce bronze ; il a respiré cet air, ces échos ont répété ses paroles.... Paroles de tendresse et d'amour peut-être.... Eh oui ! ne peut-il pas être venu visiter le monument avec son amie, madame Guiccioli [1]?... Femme admirable et rare, dont il a été si complètement compris, si profondément aimé !!! Aimé !!!... poëte !... libre !... riche !.... Il a été tout cela, lui !.... Et le confessionnal retentissait d'un grincement de dents à faire frémir les damnés.

Un jour, en de telles dispositions, je me levai spontanément, comme pour prendre ma course, et, après quelques pas précipités, m'arrêtant tout-à-coup au milieu de l'église, je demeurai silencieux et immobile. Un paysan entra, et vint tranquillement baiser l'orteil de saint Pierre.

[1] Je l'ai vue un soir chez M. Vernet, avec ses longs cheveux blonds tombant autour de sa figure mélancolique, comme les branches d'un saule pleureur : trois jours après je vis sa charge en terre dans l'atelier de Dantan.

— Heureux bipède ! murmurai-je avec amertume, que te manque-t-il ? Tu crois et espères ; ce bronze que tu adores, et dont la main droite tient aujourd'hui, au lieu de foudres, les clés du paradis, était jadis un Jupiter tonnant. Tu l'ignores; point de désenchantement. En sortant, que vas-tu chercher ? De l'ombre et du sommeil; les madones des champs te sont ouvertes, tu y trouveras l'un et l'autre. Quelles richesses rêves-tu ?.... la poignée de piastres nécessaires pour acheter un âne ou te marier; tes économies de trois ans y suffiront. Qu'est une femme pour toi ?... une autre sexe. Que cherches-tu dans l'art ?... un moyen de matérialiser les objets de ton culte ou de t'exciter au rire ou à la danse. A toi, la Vierge enluminée de rouge et de vert, c'est la peinture ; à toi, les marionnettes et polichinelle, c'est le drame ; à toi, la musette et le tambour de basque, c'est la musique ; à moi le désespoir et la haine, car je manque de tout ce je cherche, et n'espère plus l'obtenir.

Après avoir quelque temps écouté rugir ma tempête intérieure, je m'aperçus que le jour baissait. Le paysan était parti ; j'étais seul dans Saint-Pierre..... Je sortis. Je rencontrai des peintres allemands qui m'entraînèrent dans une osteria, hors des portes de la ville, où nous bûmes je ne sais combien de bouteilles d'orvieto, en disant des absurdités, fumant, et mangeant crus de petits oiseaux que nous avions achetés d'un chasseur. Ces messieurs trouvaient ce mets sauvage très-bon, et je fus bientôt de leur avis, malgré le dégoût que j'en avais ressenti d'abord. Nous rentrâmes à Rome, en chantant des chœurs de Weber, qui nous rappelèrent des jouissances musicales, auxquelles il ne fallait plus songer de longtemps..... A minuit, j'allai au bal de l'ambassadeur. J'y vis une Anglaise, belle comme Diane, qu'on me dit avoir cinquante mille livres sterling de rentes, une voix superbe et un admirable talent sur le piano; ce qui me fit grand plaisir. La Providence est juste; elle a soin de répartir également ses faveurs! Je rencontrai d'horribles visages de vieille, les yeux fixés sur une table d'écarté, flamboyants de cupidité. Sorcières de Macbeth!! Je vis minauder des coquettes; on me montra deux gracieuses jeunes filles, faisant ce que les mères appellent *leur entrée dans le monde;* délicates et précieuses fleurs que son souffle desséchant aura bientôt flétries! J'en fus ravi. Trois amateurs discoururent devant moi sur l'enthousiasme, la poésie, la musique; ils comparèrent ensemble Beethoven et M. Vaccaï, Shakespeare et M. Ducis; me demandèrent *si j'avais lu Goëthe*, si Faust m'avait *amusé;* que sais-je encore? mille autres belles choses. Tout cela m'enchanta tellement, que je quittai le salon en souhaitant qu'une aérolithe, grande comme une montagne, pût tomber sur le palais de l'ambassadeur et l'écraser avec tout ce qu'il contenait.

En remontant l'escalier de la Trinita del Monte, pour rentrer à l'Académie, il fallut dégaîner le grand couteau romain. Des malheureux étaient en embuscade sur la plate-forme pour demander aux passants la bourse ou la vie. Mais nous étions deux, et ils n'étaient que trois; le craquement de nos couteaux, que nous ouvrîmes avec bruit, suffit pour les rendre momentanément à la vertu.

Souvent, au retour de ces insipides réunions, où de plates cavatines, platement chantées au piano, n'avaient fait qu'exciter ma soif de musique et aigrir ma mauvaise humeur, le sommeil m'était impossible. Alors je descendais au jardin, et, couvert d'un grand manteau à capuchon, assis sur un bloc de marbre, écoutant dans de noires et misanthropiques rêveries les cris des hiboux de la villa Borghèse, j'attendais le retour du soleil. Si mes camarades avaient connu ces veilles oisives à la belle étoile, ils n'auraient pas manqué de m'accuser de *manière* (c'est le terme consacré), et les charges de toute espèce ne se seraient pas fait attendre; mais je ne m'en vantais pas.

Voilà, avec la chasse et les promenades à cheval, le gracieux cercle d'actions et d'idées dans lequel je tournais incessamment pendant mon séjour à Rome. Qu'on y joigne l'influence accablante du sirocco, le besoin impérieux et toujours renaissant des jouissances de mon art, de pénibles souvenirs, le chagrin de me voir pendant deux ans[1] exilé du monde musical, une impossibilité inexplicable, mais réelle, de travailler à l'Académie, et l'on comprendra ce que pouvait avoir d'intensité le spleen qui me dévorait.

J'étais méchant comme un dogue à la chaîne. Les efforts de mes camarades pour me faire partager leurs amusements ne servaient même qu'à m'irriter davantage. Le charme qu'ils trouvaient aux *joies* du carnaval, surtout m'exaspérait. Je ne pouvais concevoir (je ne le puis encore) quel plaisir on peut prendre aux divertissements de ce qu'on appelle à Rome, comme à Paris, *les jours gras!* Fort gras, en effet; gras de boue, gras de fard, de blanc, de lie de vin, de sales quolibets, de grossières injures, de filles de joie, de mouchards ivres, de masques ignobles, de chevaux éreintés, d'imbécilles qui rient, de niais qui admirent et d'oisifs qui s'ennuient. A Rome, où les bonnes traditions de l'antiquité se sont conservées, on immolait naguère aux *jours gras* une victime humaine. Je ne sais si cet admirable usage, où l'on retrouve un vague parfum de la poésie du Cirque,

[1] Le séjour des pensionnaires musiciens en Italie n'est que de deux ans, ils doivent ensuite voyager un an en Allemagne et revenir à Paris. Les autres artistes, au contraire, sont tenus de passer cinq ans au-delà des monts.

existe toujours ; c'est probable : les grandes idées ne s'évanouissent pas si promptement. On conservait alors pour *les jours gras* (quelle ignoble épithète) un pauvre diable condamné à la peine capitale ; on l'engraissait, lui aussi, pour le rendre digne du dieu auquel il allait être offert, le peuple romain ; et quand l'heure était venue, quand cette tourbe d'imbécilles de toutes nations (car, pour être juste, il faut dire que les étrangers ne se montrent pas moins que les *indigènes*, avides de si nobles plaisirs), quand cette cohue de sauvages en frac et en veste était bien lasse de voir courir des chevaux et de se jeter à la figure de petites boules de plâtre, en riant aux éclats d'une malice si spirituelle, on allait voir mourir l'homme ; oui, l'*homme!* C'est souvent avec raison que de tels insectes l'appellent ainsi. Pour l'ordinaire, c'est quelque malheureux brigand, qui, affaibli par ses blessures, aura été pris à demi-mort par les *braves* soldats du pape, et qu'on aura pansé, qu'on aura soigné, qu'on aura guéri, engraissé et *confessé* pour les jours gras. Et, certes il y a, à mon avis, dans ce vaincu mille fois plus de l'homme que dans toute cette racaille de vainqueurs, à laquelle le chef temporel et spirituel de l'Église (*abhorrens a sanguine*), le représentant de Dieu sur la terre, est obligé de donner de temps en temps le spectacle d'une tête coupée.

Il est vrai que, bientôt après, ce peuple sensible et intelligent va, pour ainsi dire, faire ses ablutions à la place Navone et y laver les taches que le sang a pu laisser sur ses habits. Cette place est alors inondée complètement; au lieu d'un marché aux légumes, c'est un véritable étang d'eau sale et puante, à la surface duquel surnagent, au lieu de fleurs, des tronçons de choux, des feuilles de laitues, des écorces de pastèques, des brins de paille et des coquilles d'amandes. Sur une estrade élevée au bord de ce lac enchanté, quinze musiciens, dont deux grosses caisses, une caisse roulante, un tambour, un triangle, un pavillon chinois et deux paires de cymbales, flanqués pour la forme de quelques cors et clarinettes, exécutent des mélodies d'un style aussi pur que le flot qui baigne les pieds de leurs tréteaux, pendant que les plus brillants équipages circulent lentement dans cette mare, aux acclamations ironiques du *peuple-roi,* dont la *grandeur* n'est pas l'unique cause *qui l'attache au rivage.*

—*Mirate! Mirate!* voilà l'ambassadeur d'Autriche!

— Non, c'est l'envoyé d'Angleterre!

— Voyez ses armes : une espèce d'aigle.

— Du tout, je distingue un autre animal, et d'ailleurs la fameuse inscription : *Dieu et mon droit.*

— Ah! ah! c'est le consul d'Espagne avec son fidèle Sancho. Rossinante n'a pas l'air fort enchanté de cette promenade aquatique.

— Quoi! lui aussi? le représentant de la France?

— Pourquoi pas? ce vieillard qui le suit, couvert de la pourpre cardinale, est bien l'oncle maternel de Napoléon.

— Et ce petit homme, au ventre arrondi, au sourire malicieux, qui veut avoir l'air grave?

— C'est un homme d'esprit qui écrit sur les arts d'imagination, c'est le consul de Civita-Vecchia, qui s'est cru obligé par la *fashion* de quitter son poste sur la Méditerranée pour venir se balancer en calèche autour de l'égout de la place Navone; il médite en ce moment quelque nouveau chapitre pour son roman de *Rouge et Noir*.

Mirate! Mirate! voilà notre fameuse Vittoria, cette Fornarina au petit pied (pas tant petit), qui vient poser aujourd'hui en costume d'Éminente, pour se délasser de ses travaux de la semaine dans les ateliers de l'Académie. La voilà sur son char, comme Vénus sortant de l'onde. Gare! les tritons de la place Navone, qui la connaissent tous, vont emboucher leurs conques et souffler à son passage une marche triomphale. Sauve qui peut!

— Quelles clameurs! Qu'arrive-t-il donc? une voiture bourgeoise a été renversée! Oui, je reconnais notre grosse marchande de tabac de la rue Condotti. Bravo! elle aborde à la nage, comme Agrippine dans la baie de Putzolles, et pendant qu'elle donne le fouet à son petit garçon, pour le consoler du bain qu'il vient de prendre, les chevaux, qui ne sont pas des chevaux marins, se débattent contre l'eau bourbeuse. Eh! vive la joie! en voilà un de noyé! Agrippine s'arrache les cheveux! L'hilarité de l'assistance redouble! Les polissons lui jettent des écorces d'orange, etc., etc. Bon peuple, que tes ébats sont touchants! que tes délassements sont aimables! que de poésie dans tes jeux! que de dignité, que de grace dans ta joie! Oh oui! les grands critiques ont raison, l'art est fait pour tout le monde. Si Raphaël a peint ses divines Madones, c'est qu'il connaissait bien l'amour exalté de la masse pour le beau, chaste et pur idéal; si Michel-Ange a tiré des entrailles du marbre son immortel Moïse, si ses puissantes mains ont élevé un temple sublime, c'était pour répondre sans doute à ce besoin de grandes émotions qui tourmente les âmes de la multitude. C'est pour donner un aliment à la flamme poétique qui les dévore, que Tasso et Dante ont chanté. Oui, anathème sur toutes les œuvres que la foule n'admire pas! car si elle les dédaigne, c'est qu'elles n'ont aucune valeur; si elle les méprise, c'est qu'elles sont méprisables,

et si elle les condamne formellement par ses sifflets, condamnez aussi l'auteur, car il a manqué de respect au public, il a outragé sa grande intelligence, froissé sa profonde sensibilité ; *qu'on le mène aux carrières.* . . . .
. . . .

L'événement funeste que je vais raconter et qui eut lieu, pour ainsi dire, sous mes yeux, vint encore ajouter une couche de noir à la teinte déjà fort sombre de mon caractère à cette époque.

IX

VINCENZA.

Un de mes amis, G***, peintre de talent, avait inspiré un sentiment profond à une jeune paysanne d'Albano, nommée Vincenza, qui venait quelquefois à Rome offrir pour modèle sa tête virginale aux pinceaux de nos plus habiles dessinateurs. La grace naïve de cette enfant des montagnes, et l'expression candide de ses traits, l'avaient rendue l'objet d'une espèce de culte que lui rendaient les peintres, et que sa conduite décente et réservée justifiait d'ailleurs complètement.

Depuis le jour où G*** parut prendre plaisir à la voir, Vincenza ne quitta plus Rome. Albano, son beau lac, ses sites ravissants, furent échangés contre une petite chambre sale et obscure qu'elle occupait dans le Transtevere, chez la femme d'un artisan dont elle soignait les enfants. Les prétextes ne lui manquaient jamais pour faire de fréquentes visites à l'atelier de son *bello Francese*. Un jour je l'y trouvai. G*** était gravement assis devant son chevalet, le pinceau et la palette à la main; Vincenza, accroupie à ses pieds comme un chien à ceux de son maître, épiait son regard, aspirait sa moindre parole, par intervalles se levait d'un bond, se plaçait en face de G***, le contemplait avec ivresse, et se jetait à son cou en faisant des éclats de rire de convulsionnaire, sans songer le moins du monde à déguiser à mes yeux sa délirante passion.

Pendant plusieurs mois le bonheur de la jeune Albanaise fut sans nuages, mais la jalousie vint y mettre fin. On fit concevoir à G... des doutes sur la fidélité de Vincenza; dès ce moment, il lui ferma sa porte et refusa obstinément de la voir. Vincenza, frappée d'un coup mortel par cette rupture, tomba dans un désespoir effrayant; elle attendait quelquefois G... des journées entières sur la promenade du Pincio, où elle espérait le rencontrer, refusait toute consolation, et devenait de plus en plus sinistre dans ses paroles et brusque dans ses manières. J'avais déjà essayé inutilement de lui ramener son inflexible; quand je la trouvais sur mes pas, noyée de pleurs, le regard morne, je ne pouvais que détourner les yeux et m'éloigner en soupirant. Un jour pourtant je la rencontrai, marchant avec une agitation extraordinaire au bord du Tibre, sur un escarpement élevé qu'on nomme la promenade du Poussin.

— Eh bien! où allez-vous donc, Vincenza?
Rien.
— Vous ne voulez pas me répondre?
Rien.
— Vous n'irez pas plus loin ; je prévois quelque folie...
— Laissez-moi, Monsieur, ne m'arrêtez pas.
— Mais que venez-vous faire ici, seule?
— Eh! ne savez-vous donc pas qu'il ne veut plus me voir, qu'il ne m'aime plus, qu'il croit que je le trompe? Puis-je vivre, après cela? Je venais me noyer.

Là-dessus, elle commença à pousser des cris désespérés. Je la vis quelque temps se rouler à terre, s'arracher les cheveux, s'exhaler en imprécations furieuses contre les auteurs de ses maux ; puis, quand elle fut un peu fatiguée, je lui demandai si elle voulait me promettre de rester tranquille jusqu'au lendemain, m'engageant à faire auprès de G... une dernière tentative.

— Ecoutez bien, ma pauvre Vincenza, je le verrai ce soir, je lui dirai tout ce que votre malheureuse passion et la pitié qu'elle m'inspire me suggèreront pour qu'il vous pardonne. Venez demain matin chez moi, je vous apprendrai le résultat de ma démarche, et ce que vous devez faire pour achever de le fléchir. Si je ne réussis pas, comme il n'y aura effectivement rien de mieux pour vous... le Tibre est toujours là.

—Oh! Monsieur, vous êtes bon, je ferai ce que vous me dites.

Le soir, en effet, je pris G... en particulier, je lui racontai la scène dont j'avais été témoin, en le suppliant d'accorder à cette malheureuse une entrevue qui, seule, pouvait la sauver.

— Prends de nouvelles et sévères informations, lui dis-je en finissant; je parierais mon bras droit que tu la rends victime d'une erreur. D'ailleurs, si toutes mes raisons sont sans force, je puis t'assurer que son désespoir est admirable, et que c'est une des plus dramatiques choses que l'on puisse voir; prends-là comme objet d'art.

—Allons, mon cher Mercure, tu plaides bien; je me rends. Je verrai dans deux heures quelqu'un qui peut me donner de nouvelles clartés sur cette ridicule affaire. Si je me suis trompé, qu'elle vienne, je laisserai ma clé à la porte. Si, au contraire, la clé n'y est pas, c'est que j'aurai acquis la certitude que mes soupçons étaient fondés : alors, je te prie, qu'il n'en soit plus question. Parlons d'autre chose. Comment trouves-tu mon nouvel atelier?

— Incomparablement mieux que l'ancien; mais la vue en est moins belle. A ta place, j'aurais gardé la mansarde, ne fût-ce que pour pouvoir distinguer Saint-Pierre et le tombeau d'Adrien.

— Oh! te voilà bien avec tes idées nuageuses! A propos de nuages, laisse-moi allumer mon cigarre... Bon!... A présent, adieu, je vais à l'enquête; dis à ta protégée ma dernière résolution. Je suis *curieux* de voir lequel de nous deux est joué.

Le lendemain, Vincenza entra chez moi de fort bonne heure; je dormais encore. Elle n'osa pas d'abord interrompre mon sommeil; mais son anxiété l'emportant enfin, elle saisit ma guitare et me jeta trois accords qui me réveillèrent. En me retournant dans mon lit, je l'aperçus à mon chevet mourante d'émotion. Dieu! qu'elle était jolie!!! L'espoir éclatait sur sa ravissante figure. Malgré la teinte cuivrée de sa peau, je la voyais rougir de passion; tous ses membres frémissaient.

— Eh bien! Vincenza, je crois qu'il vous recevra. Si la clé est à sa porte, c'est qu'il vous pardonne, et...

La pauvre fille m'interrompt par un cri de joie, se jette sur ma main, la baise avec transport en la couvrant de larmes, gémit, sanglote, et se précipite hors de ma chambre, en m'adressant pour remerciment un divin sourire qui m'illumina comme un rayon des cieux. Quelques heures après, je venais de m'habiller, G... entre, et me dit d'un air grave :

« Tu avais raison, j'ai tout découvert ; mais pourquoi n'est-elle pas venue? je l'attendais.

— Comment, pas venue? Elle est sortie d'ici ce matin à demi-folle de l'espoir que je lui donnais; elle a dû être chez toi en cinq minutes.

— Je ne l'ai pas vue;..... et pourtant la clé était bien à ma porte.

— Malheur! malheur!! j'ai oublié de lui dire que tu avais changé d'atelier. Elle sera montée au quatrième, ignorant que tu étais au premier.

— Courons.

Nous nous précipitons à l'étage supérieur, la porte de l'atelier était fermée; dans le bois était fichée avec force la *spada* d'argent que Vincenza portait dans ses cheveux, et que G... reconnut avec effroi : elle venait de lui. Nous courons au Transtevere, chez elle, au Tibre, à la promenade du Poussin; nous demandons à tous les passants : personne ne l'avait vue. Enfin nous entendons des voix et des interpellations violentes..... Nous arrivons au lieu de la scène..... Deux bouviers se battaient pour le fazzoletto blanc de Vincenza, que la malheureuse Albanaise avait arraché de sa tête et jeté sur le rivage avant de se précipiter [1].

. . . .

[1] J'ai hâte maintenant de dire au lecteur, pour dissiper l'impression trop violente, trop désolante, trop déchirante que mon récit aura sans aucun doute produite sur son imagination et sur son cœur, qu'il n'y a de réel dans l'anecdote que l'amour de Vincenza pour mon ami Gibert, et l'indifférence de celui-ci pour elle. Je serais au désespoir d'affliger quiconque trop profondément. D'ailleurs, tout ce que je raconte dans ces deux volumes est vrai, et j'ai peur de l'ombre mensongère que ce conte pourrait jeter sur le reste de mon récit. Vincenza a bien pleuré souvent au pied des tilleuls du Pincio, elle m'a demandé bien des fois de la raccommoder avec son amant qu'elle ennuyait et qui n'était point jaloux, mais elle ne s'est pas noyée le moins du monde. Elle est morte à Albano, de maladie tout bonnement, deux ans après mon départ. Quant à Gibert, l'indolent créole, qui se soucie de moi comme de Vincenza, il est toujours à Rome, où il passe un tiers de sa vie à sommeiller, l'autre à dormir et le troisième à ne rien faire:

X

VAGABONDAGES.

Le séjour de la ville m'était devenu vraiment insupportable. Aussi ne manquais-je aucune occasion de la quitter et de fuir aux montagnes, en attendant le moment où il me serait permis de revenir en France.

Comme pour préluder à de plus longues courses dans cette partie de l'Italie, visitée seulement par les paysagistes, je faisais fréquemment alors le voyage de *Subiaco*, grand village des États du pape, à dix-huit lieues de Tivoli.

Cette excursion était mon remède habituel contre le spleen; remède souverain qui semblait me rendre à la vie. Une mauvaise veste de toile grise et un chapeau de paille formaient tout mon équipement, six piastres toute ma bourse. Puis, prenant un fusil ou une guitare, je m'acheminais ainsi chassant ou chantant, insoucieux de mon gîte du soir, certain d'en trouver un, si besoin était, dans les grottes innombrables ou les *madones* qui bordent toutes les routes, tantôt marchant au pas de course, tantôt m'arrêtant pour examiner quelque vieux tombeau, ou, du haut d'un de ces tristes monticules dont l'aride plaine de Rome est couverte, écouter avec recueillement le grave chant des cloches de Saint-Pierre, dont la croix d'or étincelait à l'horizon ; tantôt interrompant la poursuite d'un vol de vanneaux pour écrire dans mon album une idée symphonique qui venait de poindre dans ma tête ; et toujours savourant à longs traits le bonheur suprême de la vraie liberté.

Quelquefois, quand au lieu de fusil j'avais apporté ma guitare, me postant au centre d'un paysage en harmonie avec mes pensées, un chant de l'Énéide, enfoui dans ma mémoire depuis mon enfance, se réveillait à l'aspect des lieux où je m'étais égaré ; improvisant alors un étrange récitatif sur une harmonie plus étrange encore, je me chantais la mort de Pallas, le désespoir du bon Evandre, le convoi du jeune guerrier qu'accompagnait son cheval Ethon sans harnais, la crinière pendante, et versant de grosses larmes ; l'effroi du bon roi Latinus, le siége du Latium dont je foulais la terre, la triste fin d'Amata et la mort cruelle du noble fiancé de Lavinie.

Ainsi, sous les influences combinées des souvenirs, de la poésie et de la musique, j'atteignais le plus incroyable degré d'exaltation. Cette triple ivresse se résolvait toujours en torrents de larmes versés avec des sanglots convulsifs. Et, ce qu'il y a de plus singulier, c'est que je commentais mes larmes. Je pleurais ce pauvre Turnus, à qui le cagot Enée était venu enlever ses États, sa maîtresse et la vie; je pleurais la belle et touchante Lavinie obligée d'épouser le brigand étranger couvert du sang de son amant; je regrettais ces temps poétiques où les héros, fils des dieux, portaient de si belles armures et lançaient de gracieux javelots à la pointe étincelante, ornée d'un cercle d'or; quittant ensuite le passé pour le présent, je pleurais sur mes chagrins personnels, mon avenir douteux, ma carrière interrompue; et, tombant affaissé au milieu de ce chaos de poésie, murmurant des vers de Shakespeare, de Virgile et de Dante : *Nessun maggior dolore.... che ricordarsi........ O poor Ophelia!... Good night, sweet Ladies.... Vitaque cum gemitu... fugit indignata.... sud umbras....* Je m'endormais.

. . . .

Quelle folie! diront bien des gens. Oui, mais

quel bonheur! Les gens raisonnables ne savent pas à quel degré d'intensité peut atteindre ainsi le sentiment de l'existence; le cœur se dilate, l'imagination prend une envergure immense, on vit avec fureur: le corps même, participant de l'exhaliration de l'esprit, semble devenir de fer. Je faisais alors mille imprudences qui peut-être aujourd'hui me coûteraient la vie.

Je partis un jour de Tivoli par une pluie battante, mon fusil *à pistons* me permettant de chasser malgré l'humidité. J'arrivai le soir à Subiaco, mouillé jusqu'aux os dès le matin, ayant fait mes dix-huit lieues et tué quinze pièces de gibier.

Replongé maintenant dans la tourmente parisienne, avec quelle force et quelle fidélité mon esprit se rappelle ce beau sauvage pays des Abbruzzes où j'ai tant erré! Villages étranges, mal peuplés d'habitants mal vêtus, au regard soupçonneux, armés de vieux fusils délabrés qui portent loin et atteignent trop souvent leur but! Sites bizarres, dont la mystérieuse solitude me frappa si vivement! Je retrouve en foule des impressions perdues et oubliées. Ce sont Subiaco, Alatri, Civitella, Genesano, Isola di Sora, San Germano, Arce, les pauvres vieux couvents déserts dont l'église est toute grande ouverte..... les moines sont absents..... le silence seul y habite..... Plus tard, moines et bandits y reviendront de compagnie. Ce sont les somptueux monastères peuplés d'hommes pieux et bienveillants, qui accueillent cordialement les voyageurs et les étonnent par leur spirituelle et savante conversation ; le palais bénédictin du Monte-Cassino, avec son luxe éblouissant de mosaïques, de boiseries sculptées, de reliquaires, etc., l'autre couvent de san Benedetto, à Subiaco, où l'Ordre fut fondé, où se trouve la grotte qui reçut saint Benoît, où les rosiers qu'il planta fleurissent encore. Plus haut, dans la même montagne, au bord d'un précipice au fond duquel murmure le vieil Anio, ce ruisseau chéri d'Horace et de Virgile, la cellule del Beato Lorenzo, adossée à un mur de rochers que dore le soleil, et où j'ai vu s'abriter des hirondelles au mois de janvier. Grands bois de châtaigniers au noir feuillage, où surgissent des ruines surmontées par intervalles, au soir, de formes humaines qui se montrent un instant et disparaissent sans bruit..... pâtres ou brigands..... En face, sur l'autre rive de l'Anio, grande montagne à dos de baleine, où l'on voit encore à cette heure une petite pyramide de pierres que j'eus la constance de bâtir un jour de spleen, et que les peintres français, amants fidèles de ces solitudes, ont eu la courtoisie de baptiser de mon nom. Au-dessous, une caverne où l'on entre en rampant, et dont on ne peut atteindre l'entrée qu'en se laissant tomber du rocher supérieur, au risque d'arriver brisé à cinq cents pieds plus bas.

A droite, un champ où je fus arrêté par des moissonneurs étonnés de ma présence en pareil lieu, qui m'accablèrent de questions, et ne me laissèrent continuer mon ascension que sur l'assurance plusieurs fois donnée qu'elle avait pour but l'accomplissement d'un vœu fait à la Madone. Loin de là, dans une étroite plaine, la maison isolée de la Piagia, bâtie sur le bord de l'inévitable Anio, où j'allais demander l'hospitalité et faire sécher mes habits, après les longues chasses, aux jours pluvieux d'automne. La maîtresse du logis, excellente femme, avait une fille admirablement belle, qui depuis a épousé le peintre lyonnais, notre ami Flacheron. Je vois encore ce jeune drôle, demi-bandit, demi-conscrit, Crispino, qui nous apportait de la poudre et des cigarres. Lignes de Madones couronnant les hautes collines, et que suivent le soir, en chantant des litanies, les moissonneurs attardés qui reviennent des plaines, au tintement mélancolique de la campanella d'un couvent caché; forêts de sapins, que les Pifferari font retentir de leurs refrains agrestes; grandes filles aux noirs cheveux, à la peau brune, au rire éclatant, qui, tant de fois, pour danser, ont abusé de la patience et des doigts endoloris *di questo signore chi suona la chitarra francese*; et le classique tambour de basque accompagnant mes *saltarelli* improvisés ; les carabiniers voulant à toute force s'introduire dans nos bals d'*osteria ;* l'indignation des danseurs français et abbruzzais ; les prodigieux coups de poing de Flacheron ; l'expulsion honteuse de ces *soldats du pape ;* menaces d'embuscades, de grands couteaux !..... Flacheron, sans nous rien dire, allant seul à minuit au rendez-vous, armé d'un simple bâton ; absence des carabiniers ; Crispino enthousiasmé !

. . . .

Enfin Albano, Castelgandolpho, Tusculum, le petit théâtre de Cicéron, les fresques de sa villa ruinée ; le lac de Gabia, le marais où j'ai dormi à midi, sans songer à la fièvre ; vestiges des jardins qu'habita Zénobie, la noble et belle reine détrônée de Palmyre. Longues lignes d'aqueducs antiques fuyant au loin à perte de vue !....

Cruelle mémoire des jours de liberté qui ne sont plus ! Liberté de cœur, d'esprit, d'âme, de tout ; liberté de ne pas agir, de ne pas penser même ; liberté d'oublier le temps, de mépriser l'ambition, de rire de la gloire, de ne plus croire à l'amour ; liberté d'aller au nord, au sud, à l'est ou à l'ouest, de coucher en plein champ, de vivre de peu, de vaguer sans but, de rêver, de rester gisant, assoupi des journées entières, au souffle murmurant du tiède sirocco ! Liberté vraie, absolue, immense! O grande et forte Italie! Italie sauvage! insoucieuse de ta sœur l'Italie artiste,

« La belle Juliette au cercueil étendue ! »

que je..... Mais, par respect pour le lecteur, continuons avec un peu moins de désordre, s'il est possible, le récit des excursions et des observations que j'y ai faites.

IX.

SUBIACO.

Subiaco est un petit bourg de quatre mille habitants, bizarrement bâti autour d'une montagne en pain de sucre. L'Anio, qui, plus bas, va former les cascades de Tivoli, en fait toute la richesse, en alimentant quelques usines assez mal entretenues.

Cette rivière coule en certains endroits dans une vallée resserrée ; Néron la fit barrer par une énorme muraille dont on voit encore quelques débris, et qui, en retenant les eaux, formait au-dessus du village un lac d'une grande profondeur. De là le nom de *Sub-Lacu*. Le couvent de *San-Benedetto*, situé une lieue plus haut, sur le bord d'un immense précipice, est à peu près le seul monument curieux des environs. Aussi les visites y abondent. L'autel de la chapelle est élevé devant l'entrée d'une petite caverne qui servit jadis de retraite au saint fondateur de l'ordre des Bénédictins. La forme intérieure de l'église est d'une bizarrerie extrême; un escalier d'une trentaine de marches unit les deux étages dont elle est composée. Après vous avoir fait admirer la *santa spelunca* de saint Benoît et les grotesques peintures dont les murailles sont couvertes, les moines vous conduisent à l'étage inférieur. Des monceaux de feuilles de roses, provenant d'un bosquet de rosiers planté dans le jardin du couvent, y sont entassés. Ces fleurs ont la propriété miraculeuse de *guérir les convulsions*, et les moines en font un débit considérable. Trois vieilles carabines, brisées, tordues et rongées de rouille, sont appendues auprès de l'odorant spécifique, comme preuves irréfragables de miracles non moins éclatants. Des chasseurs, ayant imprudemment chargé leur arme, *s'aperçurent, en faisant feu*, du danger qu'ils couraient. Saint Benoît, *invoqué* (fort laconiquement sans doute) *pendant que le fusil éclatait*, les préserva non-seulement de la mort, mais même de la plus légère égratignure. En gravissant la montagne l'espace de deux milles au-dessus de San-Benedetto, on arrive à l'ermitage *del Beato Lorenzo*, aujourd'hui inhabité. C'est une solitude horrible, environnée de roches rouges et nues, que l'abandon à peu près complet où elle est restée depuis la mort de l'ermite rend plus effrayante encore. Un énorme chien en était le gardien unique lorsque je la visitai ; couché au soleil dans une attitude d'observation soupçonneuse et sans faire le moindre mouvement, il suivit tous mes pas d'un œil sévère. Sans armes, au bord d'un précipice, la présence de cet argus silencieux, qui pouvait au moindre geste douteux étrangler ou précipiter l'inconnu qui excitait sa méfiance, contribua un peu, je l'avoue, à abréger le cours de mes méditations. Subiaco n'est pas tellement reculé dans les montagnes que la civilisation n'y ait déjà pénétré. Il y a un café pour les politiques du pays, voire même une *société* philharmonique. Le maître de musique qui la dirige remplit en même temps les fonctions d'organiste de la paroisse. A la messe du dimanche des Rameaux, l'ouverture de *la Cenerentola* dont il nous régala me découragea tellement, que je n'osai pas me faire présenter à l'académie chantante, dans la crainte de laisser trop voir mes antipathies et de blesser par là ces bons dilettanti. Je m'en tins à la musique des paysans ; au moins a-t-elle, celle-là, de la naïveté et du caractère. Une nuit, la plus singulière sérénade que j'eusse encore entendue vint me réveiller. Un *ragazzo* aux vigoureux poumons criait de toute sa force une chanson d'amour sous les fenêtres de sa *ragazza*, avec accompagnement d'une énorme mandoline, d'une musette et d'un petit instrument de fer de la nature du triangle, qu'ils appellent dans le pays *stimbalo*. Son chant, ou plutôt son cri, consistait en quatre ou cinq notes d'une progession descendante, et se terminait en remontant par un long gémissement de la note sensible à la tonique, sans reprendre haleine. La musette, la mandoline et le stimbalo, sur un mouvement de valse continu, frappaient deux accords en succession régulière et presque uniforme, dont l'harmonie remplissait les instants de silence placés par le chanteur entre chacun de ses couplets; suivant son caprice, celui-ci repartait ensuite à plein gosier, sans s'inquiéter si le son qu'il attaquait si bravement discordait ou non avec l'harmonie des accompagnateurs, et sans que ceux-ci s'en inquiétassent davantage. On eût dit qu'il chantait au bruit de la mer ou d'une cascade. Malgré la rusticité de ce concert, je ne puis dire combien j'en fus agréablement affecté. L'éloignement et les cloisons que le son devait traverser pour venir jusqu'à moi, en affaiblissant les discordances, adoucissaient les rudes éclats de cette voix montagnarde. Peu à peu, la monotone succession de ces petits couplets, terminés si douloureusement et suivis de silences, me plongea dans une espèce de demi-sommeil plein d'agréables rêveries; et quand le galant *ragazzo* n'ayant plus rien à dire à sa belle, eût mis fin brusquement à sa chanson, il me sembla qu'il me manquait tout à coup quelque chose d'essentiel... J'écoutais toujours... mes pensées flottaient si douces sur ce bruit auquel elles s'étaient amoureusement unies!... L'un cessant, le fil des autres fut rompu... et je demeurai jusqu'au matin sans sommeil, sans rêves, sans idées...

Cette phrase mélodique est répandue dans toutes les Abbruzzes; je l'ai entendue depuis Subiaco jusqu'à Arce, dans le royaume de Naples, plus ou moins modifiée par le sentiment des chanteurs et le mouvement qu'ils lui imprimaient. Je puis assurer qu'elle me parut délicieuse une nuit, à Alatri, chantée lentement, avec douceur, et sans accompagnement ; elle prenait alors une couleur religieuse fort différente de celle que je lui connaissais.

Le nombre des mesures de cette espèce de cri mélodique n'est pas toujours exactement le même à chaque couplet; il varie suivant les paroles improvisées par le chanteur, et les accompagnateurs suivent alors celui-ci comme ils peuvent. Cette improvisation n'exige pas des Orphées montagnards de grands frais de poésie: c'est tout simplement de la prose, dans laquelle ils font entrer tout ce qu'ils diraient dans une conversation ordinaire.

Le jeune gars dont j'ai déjà parlé, nommé

Crispino, et qui avait l'insolence de prétendre avoir été brigand, parce qu'il avait fait deux ans de galères, ne manquait jamais à mon arrivée à Subiaco, de me saluer de cette phrase de bienvenue qu'il criait comme un voleur :

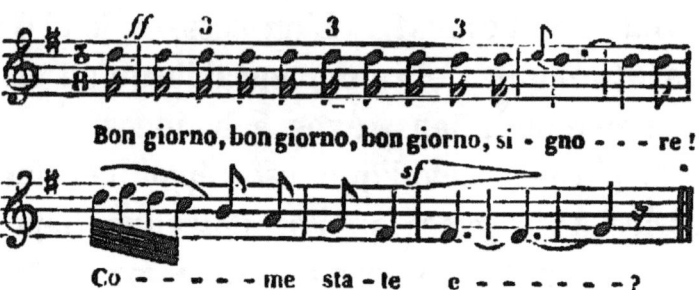

Le redoublement de la dernière voyelle, en arrivant à la mesure marquée du signe >, est de rigueur. Il résulte d'un coup de gosier, assez semblable à un sanglot, dont l'effet est fort singulier.

Dans les autres villages environnants, dont Subiaco semble être la capitale, je n'ai pas recueilli la moindre bribe musicale. Civitella, le plus intéressant de tous, est un véritable nid d'aigle, perché sur la pointe d'un rocher d'un accès fort difficile, misérable, sale et puant. On y jouit d'une vue magnifique, seul dédommagement à la fatigue d'une telle escalade, et les rochers y ont une physionomie étrange dans leurs fantastiques amoncellements, qui charme assez les yeux des artistes pour qu'un peintre de mes amis y ait séjourné six mois entiers.

L'un des flancs du village repose sur des dalles superposées, tellement énormes, qu'il est absolument impossible de concevoir comment des hommes ont pu jamais exercer la moindre action locomotive sur de pareilles masses. Ce mur de Titans, par sa grossièreté et ses dimensions, est aux constructions cyclopéennes, comme celles-ci sont aux murailles ordinaires des monuments contemporains. Il ne jouit cependant d'aucune renommée, et, quoique vivant habituellement avec des architectes, je n'en avais jamais entendu parler.

Civitella offre, en outre, aux vagabonds, un précieux avantage dont les autres villages semblables sont totalement dépourvus : c'est une auberge ou quelque chose d'approchant. On peut y loger et y vivre passablement. L'homme riche du pays, *il signor Vincenzo*, reçoit et héberge de son mieux les étrangers, les Français surtout, pour lesquels il professe la plus honorable sympathie, mais qu'il assassine de questions sur la politique. Assez modéré dans ses autres prétentions, ce brave homme est insatiable sur ce point. Enveloppé dans une redingote qu'il n'a pas quittée depuis dix ans, accroupi sous sa cheminée enfumée, il commence, en vous voyant entrer, son interrogatoire; et, fussiez-vous exténué, mourant de soif, de faim et de fatigue, vous n'obtiendrez pas un verre de vin avant de lui avoir répondu sur Lafayette, Louis-Philippe et la garde nationale. Vico-Var, Olevano, Arsoli, Genesano, et vingt autres villages dont le nom m'échappe, se présentent presque uniformément sous le même aspect. Ce sont toujours des agglomérations de maisons grisâtres appliquées, comme des nids d'hirondelles, contre des pics stériles, presque inabordables ; toujours de pauvres enfants demi-nus poursuivent les étrangers en criant : *Pittore ! pittore ! Inglese !* [1] *mezzo baïocco !* [2] (Pour eux tout étranger qui vient les visiter est *peintre* ou *Anglais*). Les chemins, quand il y en a, ne sont que des gradins informes à peine indiqués dans le rocher. On rencontre des hommes oisifs, qui vous regardent d'un air singulier ; des femmes conduisant des cochons qui, avec le maïs, forment toute la richesse du pays ; de jeunes filles, la tête chargée d'une lourde cruche de cuivre ou d'un fagot de bois mort ; et tout cela si misérable, si triste, si délabré, si dégoûtant de saleté, que, malgré la beauté naturelle de la race et la coupe pittoresque des vêtements, il est difficile d'éprouver à leur aspect autre chose qu'un sentiment de pitié ; et pourtant je trouvais un plaisir extrême à parcourir ces repaires, à pied, le fusil à la main, et même sans fusil.

Lorsqu'il s'agissait, en effet, de gravir quelque

[1] *Inglese*, Anglais.
[2] *Baïocco*, monnaie romaine.

pic inconnu, j'avais soin de laisser en bas ce bel instrument, dont les qualités excitaient assez la convoitise des Abbruzzais, pour leur donner l'idée d'en détacher le propriétaire, au moyen de quelques balles envoyées à sa rencontre par d'affreuses carabines embusquées traîtreusement derrière un vieux mur.

A force de fréquenter les villages de ces braves gens, j'avais même fini par être très bien avec eux. Crispino surtout m'avait pris en affection; il me rendait toutes sortes de services; il me procurait non-seulement des tuyaux de pipe parfumés, exquis[1], non-seulement du plomb et de la poudre, mais des capsules fulminantes même; des capsules! dans ce pays perdu, dépourvu de toute idée d'art et d'industrie. De plus, Crispino connaissait toutes les *ragazze* bien peignées à dix lieues à la ronde, leurs inclinations, leurs relations, leurs ambitions, leurs passions, celles de leurs parents et de leurs amants; il avait une note exacte des degrés de vertu et de température de chacune, et ce thermomètre était quelquefois fort amusant à consulter.

Cette affection, du reste, était motivée; j'avais, une nuit, dirigé la sérénade qu'il donnait à sa maîtresse; j'avais chanté avec lui pour la

[1] Je fumais alors, je n'avais pas encore découvert que l'excitation causée par le tabac est une chose pour moi prodigieusement désagréable.

jeune louve, en nous accompagnant de la *chitarra francese*, une chanson alors en vogue parmi les élégants de Tivoli ; je lui avais fait présent de deux chemises, d'un pantalon et de trois superbes coups de pied au derrière, un jour qu'il me manquait de respect [1].

Crispino n'avait pas eu le temps d'apprendre à lire, et il ne m'écrivait jamais. Quand il avait quelque nouvelle intéressante à me donner hors des montagnes, il venait à Rome. Qu'était-ce, en effet, qu'une trentaine de lieues *per un bravo* comme lui. Nous avions l'habitude, à l'Académie, de laisser ouvertes les portes de nos chambres. Un matin de janvier (j'avais quitté les montagnes en octobre ; je m'ennuyais donc depuis trois mois), en me retournant dans mon lit, j'aperçois debout devant moi, un grand scélérat basané, chapeau pointu, jambes cordées, qui paraissait attendre très honnêtement mon réveil ; c'était mon gredin, mon bandit, mon ami !

— Tiens ! Crispino ! qu'es-tu venu faire à Rome ?

— *Sono venuto... per veder lo !*

— Oui, pour me voir, et puis ?...

---

[1] Ceci est encore un mensonge et résulte de la tendance qu'ont toujours les artistes à écrire des phrases qu'ils croient à effet. Je n'ai jamais donné de coups de pied à Crispino ; Flacheron est même le seul d'entre nous qui se soit permis avec lui une telle liberté.

— *Crederei mancare al piú preciso mio debito, se in questa occasione...*

— Quelle occasion?

— *Per dire la veritá... mi manca... il danaro.*

— A la bonne heure! voilà ce qui s'appelle dire vraiment *la veritá*. Ah! tu n'as pas d'argent! et que veux-tu que j'y fasse, Birbonacio?

— *Per bacco, non sono birbone!*

Je finis sa réponse en français :

— « Si vous m'appelez *gueux*, parce que je n'ai pas le sou, vous avez raison; mais si c'est parce que j'ai été deux ans à Civita-Vecchia, vous avez bien tort. On ne m'a pas envoyé aux galères pour avoir volé, dit-il en levant la tête fièrement, mais bien pour de bons coups de carabine, pour de fameux coups de couteau donnés dans la montagne à des étrangers (*forestieri*). »

Mon ami se flattait assurément; il n'avait peut-être pas tué seulement un moine. Mais enfin, on voit qu'il avait le sentiment de l'honneur. Aussi, dans son indignation, n'accepta-t-il que trois piastres, une chemise et un foulard, sans vouloir attendre que j'eusse mis mes bottes pour lui donner... le reste. Le pauvre garçon est mort, il y a deux ans, d'un coup de pierre reçu à la tête dans une rixe.

Nous reverrons-nous dans un monde meilleur?.....

XII

ENCORE ROME.

Il fallait bien toujours revenir dans cette éternelle ville de Rome, et s'y convaincre de plus en plus que, de toutes les existences d'artiste, il n'en est pas de plus triste que celle d'un musicien étranger, condamné à l'habiter, si l'amour de l'art est dans son cœur. Il y éprouve un supplice de tous les instants dans les premiers temps, en voyant ses illusions poétiques tomber une à une, et le bel édifice musical élevé par son imagination, s'écrouler devant la plus désespérante des réalités; ce sont chaque jour de nouvelles expériences qui amènent constamment de nouvelles déceptions. Au milieu de tous les autres arts, pleins de vie, de grandeur, de majesté, éblouissants de l'éclat du génie, étalant fièrement leurs merveilles diverses, il voit la musique réduite au rôle d'une esclave dégradée, hébétée par la misère et chantant d'une voix usée de stupides poèmes pour lesquels le peuple lui jette à peine un morceau de pain. C'est ce que je reconnus facilement au bout de quelques semaines. A peine arrivé, je cours à Saint-Pierre... Immense ! sublime ! écrasant !... Voilà Michel-Ange, voilà Raphaël, voilà Canova ; je marche sur les marbres les plus précieux, les mosaïques les plus rares... Ce silence solennel.. cette fraîche atmosphère... ces tons lumineux si riches et si harmonieusement fondus... ce vieux pèlerin, agenouillé seul dans la vaste enceinte... Un léger bruit, parti du coin le plus obscur du temple, et roulant sous ces voûtes colossales comme un tonnerre lointain... j'eus peur... Il me sembla que c'était là réellement la maison de Dieu et que je n'avais pas le droit d'y entrer. Réfléchissant que de faibles créatures comme moi étaient parvenues cependant à élever un pareil monument de grandeur et d'audace, je sentis un mouvement de fierté ; puis songeant au rôle magnifique que devait y jouer l'art que je chéris, mon cœur commença à battre à coups redoublés. Oh ! oui, sans doute, me dis-je aussitôt, ces tableaux, ces statues, ces colonnes, cette architecture de géants tout cela n'est que le corps du monument ; la musique en est l'ame ; c'est par elle qu'il manifeste son existence, c'est elle qui résume l'hymne incessant des autres arts, et de sa voix puissante le porte brûlant aux pieds de l'Éternel. Où donc est l'orgue?... L'orgue, un peu plus grand que celui de l'Opéra de Paris, était *sur des roulettes* ; un pilastre le dérobait à ma vue. N'importe, ce chétif instrument ne sert peut-être qu'à donner le ton aux voix, et tout effet instrumental étant proscrit, il doit suffire. Quel est le nombre des chanteurs?... Me rappelant alors la petite salle du Conservatoire, que l'église de St-Pierre contiendrait cinquante ou soixante fois au moins, je pensai que si un chœur de *quatre-vingt-dix* voix y était employé journellement, les choristes de Saint-Pierre, ne devaient se compter que par milliers.

Ils sont au nombre de *dix-huit* pour les jours ordinaires; et de *trente-deux* pour les fêtes solennelles. J'ai même entendu un *Miserere* à la chapelle Sixtine, chanté par *cinq voix*. Un critique allemand de beaucoup de mérite, s'est constitué tout récemment le défenseur de la chapelle Sixtine.

« La plupart des voyageurs, dit-il, s'atten-
« dent en y entrant, à une musique bien plus
« entraînante, je dirai même, bien plus amu-
« sante que celle des opéras qui les avaient char-
« més dans leur patrie; au lieu de cela les
« chanteurs du pape leur font entendre un plain-

« chant séculaire, simple, pieux et sans le moin-
« dre accompagnement. Ces dilettanti désap-
« pointés ne manquent pas alors de jurer à leur
« retour, que la chapelle Sixtine n'offre aucun in-
« térêt musical, et que tous les beaux récits
« qu'on en fait sont autant de contes. »

Nous ne dirons pas à ce sujet, absolument comme les observateurs superficiels dont parle cet écrivain. Bien au contraire, cette harmonie des siècles passés, venue jusqu'à nous sans la moindre altération de style ni de forme, offre aux musiciens le même intérêt que présentent aux peintres les fresques de Pompéia. Loin de regretter, sous ces accords, l'accompagnement de trompettes et de grosse caisse, aujourd'hui tellement mis à la mode par les compositeurs italiens, que chanteurs et danseurs ne croiraient pas, sans lui, pouvoir obtenir les applaudissements qu'ils méritent, nous avouerons que la chapelle Sixtine étant le seul lieu musical de l'Italie où cet abus déplorable n'ait point pénétré, on est heureux de pouvoir y trouver un refuge contre l'artillerie des fabricants de cavatines. Nous accorderons au critique allemand que les *trente-deux* chanteurs du pape, incapables de produire le moindre effet, et même de se faire entendre dans la plus vaste église du monde, suffisent à l'exécution des œuvres de Palestrina dans l'enceinte bornée de la chapelle pontificale ; nous dirons avec lui que cette harmonie pure et calme, jette dans une rêverie qui n'est pas sans charme. Mais ce charme est le propre de l'harmonie elle-même, et le prétendu génie des compositeurs n'en est point la cause, si toutefois on peut donner le nom de compositeurs à des musiciens qui passaient leur vie à compiler des successions d'accords comme celle-ci :

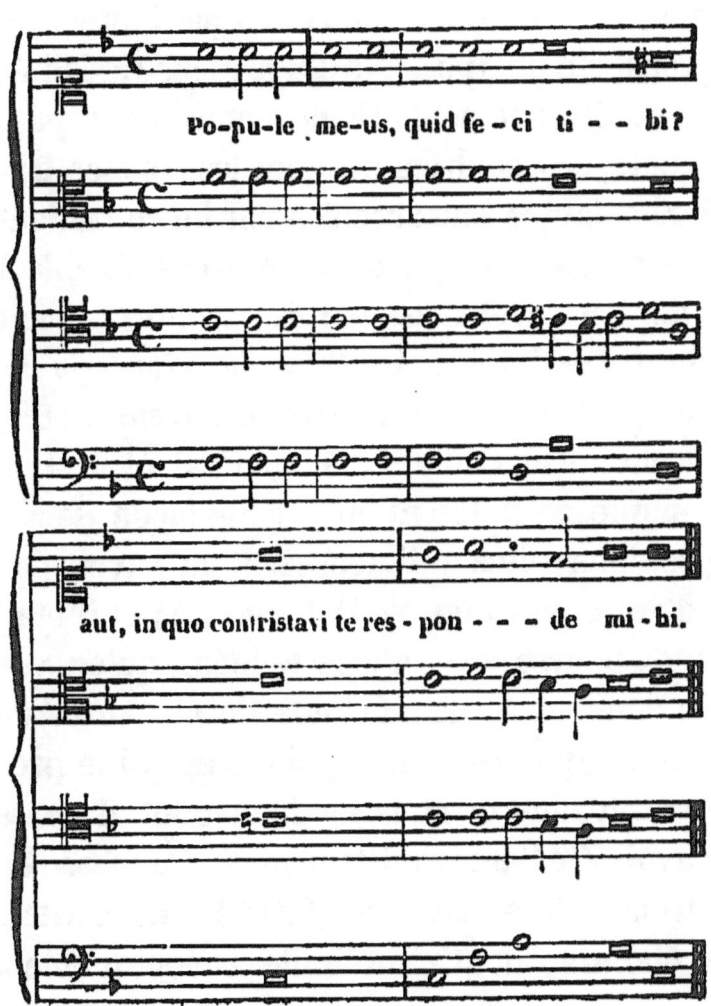

Dans ces psalmodies à quatre parties, où la *mélodie* et le *rhythme* ne sont point employés, et dont l'*harmonie* se borne à l'emploi des *accords parfaits* entremêlés de quelques *suspensions*, on peut bien admettre que le goût et une certaine science aient guidé le musicien qui les écrivit; mais le génie ! allons donc, c'est une plaisanterie.

En outre, les gens qui croient encore sincèrement que Palestrina composa ainsi à dessein sur les textes sacrés, et mu seulement par l'intention d'approcher le plus possible d'une pieuse idéalité, s'abusent étrangement. Ils ne connaissent pas, sans doute, ses madrigaux, dont les paroles frivoles ou galantes sont accolées par lui cependant à une sorte de musique absolument semblable à celle dont il revêtit les paroles saintes. Il fait chanter par exemple : *Au bord du Tibre, je vis un beau pasteur dont la plainte amoureuse*, etc., par un chœur lent dont l'effet général et le style harmonique ne diffèrent en aucune façon de ses compositions dites religieuses. Il ne savait pas faire d'autre musique, voilà la vérité ; et il était si loin de poursuivre un céleste idéal, qu'on retrouve dans ses écrits une foule de ces sortes de logographes que les contre-pointistes qui le précédèrent avaient mis à la mode et dont il passe pour avoir été l'antagoniste inspiré. La messe de Palestrina, dédiée au pape Marcello, est écrite à deux chœurs, dont l'un imite canoniquement l'autre du commencement à la fin. C'est là une grande difficulté de contre-point habilement vaincue ; mais qu'en résulte-t-il de beau, ou de convenable au style vraiment religieux ? En quoi cette sorte de jeu harmonique, perceptible seulement pour les yeux, puisque l'oreille ne saurait suivre des imitations canoniques de notes aussi longues et sans dessin mélodique, en quoi, dis-je, cette preuve de la patience du tisseur d'accords annonce-t-elle en lui une simple préoccupation du véritable objet de son travail ? en rien à coup sûr. Il importe aussi peu à l'expression du sentiment religieux de dessiner deux chœurs en canon perpétuel que de les écrire en se servant d'un morceau de bois au lieu de plume, ou gêné d'une façon quelconque par une douleur physique ou un obstacle matériel. Si Palestrina, ayant perdu les deux mains, s'était vu forcé d'écrire avec le pied et y était parvenu, ses ouvrages n'en eussent pas acquis plus de valeur pour cela et n'en seraient ni plus ni moins religieux.

Le critique allemand dont je parlais tout-à-l'heure, n'hésite pas cependant à appeler *sublimes* les *Improperia* de Palestrina.

« Toute cette cérémonie, dit-il encore, le sujet en lui-même, la présence du pape au milieu du corps des cardinaux, le mérite d'exécution des chanteurs qui déclament avec une précision et une intelligence admirables, tout cela forme de ce spectacle un des plus imposants et des plus touchants de la Semaine-Sainte. » — Oui, certes ; mais tout cela ne fait pas de cette musique une œuvre de génie et d'inspiration.

Par une de ces journées sombres qui attristent la fin de l'année, et que rend encore plus mélancoliques le souffle glacé du vent du Nord, écoutez en lisant Ossian, la fantastique harmonie d'une harpe éolienne balancée au sommet d'un arbre dépouillé de verdure, et je vous défie de ne pas éprouver un sentiment profond de tristesse, d'abandon, un désir vague et infini d'une autre existence, un dégoût immense de celle-ci, en un mot, une forte atteinte de spleen jointe à une tentation de suicide. Cet effet est encore plus prononcé que celui des harmonies vocales de la chapelle Sixtine ; on n'a jamais songé cependant à mettre les facteurs de harpes éoliennes au nombre des grands compositeurs.

Mais au moins, le service musical de la chapelle Sixtine a-t-il conservé sa dignité et le caractère religieux qui lui convient, tandis qu'infidèles aux anciennes traditions, les autres églises de Rome sont tombées, sous ce rapport, dans un état de dégradation, je dirai même de démoralisation, qui passe toute croyance. Plusieurs prêtres français, témoins de ce scandaleux abaissement de l'art religieux, en ont été indignés.

J'assistai, le jour de la fête du roi, à une messe

solennelle à grands chœurs et à grand orchestre, pour laquelle notre ambassadeur, M. de Saint-Aulaire, avait demandé les meilleurs artistes de Rome. Un amphithéâtre assez vaste, élevé devant l'orgue, était occupé par une soixantaine d'exécutants. Ils commencèrent par s'accorder à grand bruit, comme ils l'eussent fait dans un foyer de théâtre; le diapason de l'orgue, beaucoup trop bas, rendait, à cause des instruments à vent, son adjonction à l'orchestre impossible. Un seul parti restait à prendre, se passer de l'orgue. L'organiste ne l'entendait pas ainsi; il voulait faire sa partie, dussent les oreilles des auditeurs en être torturées jusqu'au sang; il voulait gagner son argent, le brave homme, et il le gagna bien, je le jure, car de ma vie je n'ai ri d'aussi bon cœur. Suivant la louable coutume des organistes italiens, il n'employa, pendant toute la durée de la cérémonie, que les jeux aigus. L'orchestre, plus fort que cette harmonie de petites flûtes, la couvrait assez bien dans les *tutti*, mais quand la masse instrumentale venait à frapper un accord sec, suivi d'un silence, l'orgue, dont le son traîne un peu, comme on sait, et ne peut se couper aussi bref que celui des autres instruments, demeurait alors à découvert et laissait entendre un accord plus bas d'un quart de ton que celui de l'orchestre, produisant ainsi le gémissement le plus atrocement comique qu'on puisse imaginer.

Pendant les intervalles remplis par le plain-chant des prêtres, les concertants, incapables de contenir leur démon musical, préludaient hautement tous à la fois, avec un incroyable sang-froid ; la flûte lançait des gammes en *ré*; le cor sonnait une fanfare en *mi b* ; les violons faisaient d'aimables cadences, des gruppetti charmants ; le basson, tout bouffi d'importance, soufflait ses notes graves en faisant claquer ses grandes clefs, pendant que les gazouillements de l'orgue achevaient de brillanter l'harmonie de ce concert inouï, digne de Callot. Et tout cela se passait en présence d'une assemblée d'hommes civilisés, de l'ambassadeur de France, du directeur de l'Académie, d'un corps nombreux de prêtres et de cardinaux, devant une réunion d'artistes de toutes les nations. Pour la musique, elle était digne de tels exécutants. Cavatines avec crescendo, cabalettes, points-d'orgue et roulades ; œuvre sans nom, monstre de l'ordre composite dont une phrase de Vaccaï formait la tête, des bribes de Paccini les membres, et un ballet de Gallemberg le corps et la queue. Qu'on se figure, pour couronner l'œuvre, les *soli* de cette étrange musique sacrée, chantés *en voix de soprano* par un gros gaillard dont la face rubiconde était ornée d'une énorme paire de favoris noirs. « Mais mon Dieu, dis-je à mon
« voisin qui étouffait, tout est donc miracle dans
« ce bienheureux pays ! Avez-vous jamais vu

« un *castrat* barbu comme celui-ci ? »

— « Castrato!... répliqua vivement en se re-
« tournant une dame italienne, indignée de nos
« rires et de nos observations, davvero non è
« castrato. »

— « Vous le connaissez, madame ? »

— « Per Bacco ! non burlate. Imparate, pezzi
« d'asino, che quello virtuoso maraviglioso è il
« marito mio. »

J'ai entendu fréquemment dans d'autres églises les ouvertures du *Barbier de Séville*, de la *Cenerentola* et d'*Otello*. Ces morceaux paraissaient former le répertoire favori des organistes, ils en assaisonnaient fort agréablement le service divin.

La musique des théâtres, aussi *dramatique* que celle des églises est *religieuse*, est dans le même état de splendeur. Même invention, même pureté des formes, même élévation, même charme dans le style, même profondeur de pensée. Les chanteurs que j'ai entendus pendant la saison théâtrale avaient en général de bonnes voix et cette facilité de vocalisation qui caractérise spécialement les Italiens ; mais, à l'exception de Mme Ungher, prima dona allemande que nous avons applaudie souvent à Paris, et de Salvator, assez bon Baryton, ils ne sortaient pas de la ligne des médiocrités. Les chœurs sont d'un degré au-dessous de ceux de notre Opéra-Comique, pour l'ensemble, la justesse et la chaleur. L'orchestre, imposant et formidable à peu près comme l'armée du prince de Monaco, possède, sans exception, toutes les qualités qu'on appelle ordinairement des défauts. Au théâtre *Valle*, ainsi qu'à celui d'Apollon, dont les dimensions égalent celles du Grand-Opéra de Paris, les violoncelles sont au nombre de.... *un*, lequel *un* exerce l'état d'orfèvre, plus heureux qu'un de ses confrères, obligé, pour vivre, de *rempailler des chaises*. A Rome, le mot symphonie, comme celui d'ouverture, n'est employé que pour désigner un *certain bruit* que font les orchestres de théâtre avant le lever de la toile, et auquel personne ne fait attention. Weber et Beethoven sont là des noms à peu près inconnus. Un savant abbé de la chapelle Sixtine disait un jour à M. Mendelssohn *qu'on lui avait parlé d'un jeune homme de grande espérance, nommé Mozart.* Il est vrai que ce digne ecclésiastique communique fort rarement avec les gens du monde et ne s'est occupé toute sa vie que des œuvres de Palestrina. C'est donc un être que sa conduite privée et ses opinions mettent à part. Quoiqu'on n'y exécute jamais la musique de Mozart, il est pourtant juste de dire que, dans Rome, bon nombre de personnes ont entendu parler de lui autrement que comme *d'un jeune homme de grande espérance.* Les dilettanti érudits savent même qu'il est mort, et que, sans approcher toutefois de Donizetti, il a écrit quelques partitions remarquables. J'en ai connu un qui s'était procuré le Don Juan. Après l'avoir longuement étudié au piano, il fut assez franc pour m'avouer en confidence que cette *vieille musique* lui paraissait supérieure au Zadig et Astartea de M. Vaccaï, récemment mis en scène au théâtre d'Apollon. L'art instrumental est lettre close pour les Romains. Ils n'ont pas même l'idée de ce que nous appelons une symphonie.

J'ai remarqué seulement à Rome une musique instrumentale populaire que je penche fort à regarder comme un reste de l'antiquité ; je veux parler des *pifferari*. On appelle ainsi des musiciens ambulants qui, aux approches de Noël, descendent des montagnes par groupes de quatre ou cinq, et viennent, armés de musettes et de *pifferi* (espèce de hautbois), donner de pieux concerts devant les images de la madone. Ils sont, pour l'ordinaire, couverts d'amples manteaux de drap brun, portent le chapeau pointu dont se coiffent les brigands, et tout leur extérieur est empreint d'une certaine sauvagerie mystique pleine d'originalité. J'ai passé des heures entières à les contempler dans les rues de Rome, la tête légèrement penchée sur l'épaule, les yeux brillants de la foi la plus vive, fixant un regard de pieux amour sur la sainte madone, presque aussi immobiles que l'image qu'ils adoraient. La musette, secondée d'un grand *piffero* soufflant la basse, fait entendre une harmonie de deux ou trois notes, sur laquelle un double *piffero*[1] de moyenne longueur exécute la mélodie ; puis au-dessus de tout cela deux petits *pifferi* très courts, joués par des enfants de douze à quinze ans, tremblottent trilles et cadences, et inondent la rustique chanson d'une pluie de bizarres ornements. Après de gais et réjouissants refrains, fort longtemps répétés, une prière lente, grave, d'une onction toute patriarchale, vient dignement terminer la naïve symphonie. Cet air a été gravé dans plusieurs recueils napolitains, nous nous abstenons en conséquence de le reproduire ici. De près, le son est si fort qu'on peut à peine le supporter ; mais à un certain éloignement ce singulier orchestre produit un effet délicieux, touchant, poétique, auquel les personnes même les moins susceptibles de pareilles impressions, ne peuvent rester insensibles. J'ai entendu depuis les *pifferari* chez eux, et si je les avais trouvés si remarquables à Rome, combien l'émotion que j'en reçus fut plus vive dans les montagnes sauvages des Abbruzzes, où mon humeur vagabonde m'avait conduit ! Des roches volcaniques, de noires forêts de sapins, formaient la décoration naturelle et le complément de cette musique primitive.

[1] Cet instrument ne serait-il pas celui dont parle Virgile :

. . . . . Ite per alta
Dindyma, ubi assuetis biforem dat tibia cantum.

Quand à cela venait se joindre encore l'aspect d'un de ces monuments mystérieux d'un autre âge, connus sous le nom de murs cyclopéens, et quelques bergers revêtus d'une peau de mouton brute, avec la toison entière en dehors (costume des pâtres de la Sabine), je pouvais me croire contemporain des anciens peuples au milieu desquels vint s'installer jadis Evandre l'Arcadien, l'hôte généreux d'Énée :

> Pater infelix Pallantis pueri.

. . . .
. . . .

Il faut, on le voit, renoncer à peu près à entendre de la musique quand on habite Rome ; j'en étais venu même, au milieu de cette atmosphère antiharmonique, à n'en plus pouvoir composer. Tout ce que j'ai produit à l'Académie se borne à trois ou quatre morceaux : 1° Une *Ouverture de Rob-Roy*, longue et diffuse, qui fut exécutée à Paris, un an après, par la société du Conservatoire, fort mal reçue du public, et que je brûlai le même jour en sortant du concert ; 2° *la Scène aux champs*, de la Symphonie Fantastique, que je refis presque entièrement en vaguant dans la Villa-Borghèse ; 3° *le Chant de bonheur*, du mélologue[1] que je rêvai, perfidement

---

[1] J'avais écrit les paroles parlées et chantées de cet ouvrage

bercé par mon ennemi intime le vent du sud, sur les buis touffus et taillés en muraille de notre classique jardin; 4° cette petite mélodie qui a nom *la Captive,* et dont j'étais fort loin, en l'écrivant, de prévoir la fortune. Encore me trompai-je, en disant qu'elle fut composée à Rome; car c'est de Subiaco qu'elle est datée. Il me souvient, en effet, qu'un jour, en regardant travailler mon ami Lefebvre l'architecte, dans l'auberge de Subiaco où nous logions, un mouvement de son coude ayant fait tomber un livre placé sur sa table, je le relevai : c'était le volume des *Orientales* de V. Hugo; il se trouva ouvert à la page de *la Captive.* Je lus cette délicieuse poésie, et me retournant vers Lefebvre : « Si j'avais là du papier réglé, lui dis-je, j'écrirais la musique de ce morceau; car *je l'entends.*

—Qu'à cela ne tienne, je vais vous en donner.

Et Lefebvre, prenant une règle et un tireligne, eut bientôt tracé quelques portées, sur lesquelles je jetai la mélodie et la basse de ce petit air; puis, je mis le manuscrit dans mon portefeuille et n'y songeai plus. Quinze jours après, de retour à Rome, on chantait chez notre directeur, quand *la Captive* me revint en tête. « Il faut, dis-je à mademoiselle Vernet, que je vous montre un air

qui sert de conclusion à la Symphonie Fantastique, en revenant de Nice, et pendant le trajet que je fis, à pied, de Sienne à Monteliascené.

improvisé à Subiaco, pour voir un peu ce qu'il signifie : je n'en ai plus la moindre idée. » L'accompagnement de piano, griffonné à la hâte, nous permit de l'exécuter convenablement; et cela prit si bien, qu'au bout d'un mois M. Vernet, poursuivi, obsédé par cette mélodie, m'interpella ainsi : « Ah! ça, quand vous retournerez dans les montagnes, j'espère bien que vous n'en rapporterez pas d'autres chansons; car votre *Captive* commence à me rendre le séjour de la Villa fort désagréable; on ne peut faire un pas dans le palais, dans le jardin, dans le bois, sur la terrasse, dans les corridors, sans entendre chanter, ou ronfler, ou grogner : « *Le long du mur sombre... le sabre du spahis... je ne suis pas Tartare... l'eunuque noir...*, etc. » C'est à en devenir fou! Je renvoie demain un de mes domestiques, je n'en prendrai un nouveau qu'à la condition expresse pour lui de ne pas chanter *la Captive*. »

Il reste enfin à citer, pour clore cette liste fort courte de mes productions romaines, une psalmodie à cinq voix, avec accompagnement d'instruments à vent, sur la traduction en prose d'une poésie de Moore (*Ce monde entier n'est qu'une ombre fugitive*), dédiée à ceux *dont l'ame est triste jusqu'à la mort*. Ce morceau n'a pas encore été publié et je n'ai jamais osé le faire entendre. Quant au *Resurrexit*, à grand orchestre, avec chœurs, que j'envoyai aux académiciens de Paris, pour obéir au réglement, et dans lequel ces messieurs trouvèrent un *progrès* très-remarquable, une *preuve* sensible de l'influence du séjour de Rome sur mes idées, et l'*abandon* complet de mes fâcheuses *tendances musicales*; c'est un fragment d'une messe que j'avais écrite et fait exécuter à Paris deux ans avant de me présenter au concours de l'Institut. Fiez-vous donc aux jugements des immortels!

Ce fut vers ce temps de ma vie académique que je ressentis de nouveau les atteintes d'une cruelle maladie (morale, nerveuse, imaginaire, tout ce qu'on voudra), que j'appelerai le *mal de l'isolement*, et qui me tuera quelque jour. J'en avais éprouvé un premier accès à l'âge de seize ans, et voici dans quelles circonstances. Par une belle matinée de mai, à la côte Saint-André, chez mon père, j'étais assis dans une prairie à l'ombre d'un groupe de grands chênes, lisant un roman de Montjoie, intitulé: *Manuscrit trouvé au mont Pausilippe*. Tout entier à ma lecture, j'en fus distrait cependant par des chants doux et tristes, s'épandant par la plaine à intervalles réguliers. La procession des Rogations passait dans le voisinage, et j'entendais la voix des paysans qui psalmodiaient les *Litanies des saints*. Cet usage de parcourir, au printemps, les côteaux et les plaines, pour appeler sur les fruits de la terre la bénédiction du ciel, a quelque chose de poétique et de touchant qui m'émeut d'une manière indicible. Le cortége s'arrêta au pied d'une croix de bois, ornée de feuillages ; je le vis s'agenouiller pendant que le prêtre bénissait la campagne, et il reprit sa marche lente en continuant sa mélancolique psalmodie. La voix affaiblie de notre vieux curé se distinguait seule parfois, avec des fragments de phrases :

: . . . . : • •
. . . . *Conservare áigneris!*

LES PAYSANS.

Te rogamus audi nos!

Et la foule pieuse, s'éloignait, s'éloignait toujours.

. . . .
(Decrescendo.)
Sancte Barnabe.
Ora pro nobis!
(Perdendo.)
Sancta Magdalena
Ora pro. . . . .
Sancta Maria
Ora. . . . .
Sancta. . : . . . . . : . . .
. . . . *nobis.*
. . . . , ... • •

Silence.. léger frémissement des blés en fleur, ondoyant sous la molle pression de l'air du matin.... cri des cailles amoureuses appelant leur compagne.... l'ortolan plein de joie chantant sur la pointe d'un peuplier.... calme profond.... une feuille morte tombant lentement d'un chêne.... coups sourds de mon cœur.... Evidemment la vie était hors de moi, loin, très loin.... A l'horizon les glaciers des Alpes, frappés du soleil levant, réfléchissaient d'immenses faisceaux de lumière.... derrière ces Alpes, l'Italie, Naples, le Pausilippe.... les personnages de mon roman.... des passions ardentes.... des larmes essuyées... quelque insondable bonheur.... secret.... allons, allons, des ailes ! dévorons l'espace ! il faut voir ! il faut admirer ! il faut de l'amour, de l'enthousiasme, des étreintes enflammées, *il faut la grande vie !*... mais je ne suis qu'un corps lourd, cloué à terre ! ces personnages sont imaginaires, ou n'existent plus.... Quel amour?... quelle gloire?...quel cœur?...quand verrai-je l'Italie?...

Et l'accès se déclara dans toute sa force, et je souffris affreusement et je me couchai à terre, gémissant, étendant mes bras douloureux, arrachant convulsivement des poignées d'herbes et d'innocentes paquerettes qui ouvraient en vain leurs grands yeux étonnés, appelant *l'inconnu*, luttant contre *l'absence*, contre l'horrible isolement.

Et pourtant, qu'était-ce qu'un pareil accès comparé aux tortures que j'ai éprouvées depuis, et dont l'intensité augmente chaque jour?

Je ne sais comment donner une idée de ce mal inexprimable. Une expérience de physique pourrait seule offrir je crois des similitudes avec lui. C'est celle-ci : quand on place sous une cloche de verre adaptée à une machine pneumatique, une coupe remplie d'eau à côté d'une autre coupe contenant de l'alcide sulfurique, au moment où la pompe aspirante fait le vide sous la cloche, on voit l'eau s'agiter, entrer en ébullition, s'évaporer. L'acide sulfurique absorbe cette vapeur d'eau au fur et à mesure qu'elle se dégage, et, par suite de la propriété qu'ont les molécules de vapeur d'emporter en s'exhalant une grande quantité de calorique, la portion d'eau qui reste au fond du vase ne tarde pas à se réfroidir au point de produire un petit bloc de glace.

Eh bien! il en est à peu près ainsi quand cette idée d'isolement, quand ce sentiment de l'absence viennent me saisir. Le vide se fait autour de ma poitrine palpitante, et il semble alors que mon cœur, sous l'aspiration d'une force irrésistible, s'évapore et tend à se dissoudre par expansion. Puis, la peau de tout mon corps devient douloureuse et brûlante; je rougis de la tête aux pieds. Je suis tenté de crier, d'appeler à mon aide mes amis, les indifférents mêmes, pour me consoler, pour me garder, me défendre, m'empêcher d'être détruit, pour retenir ma vie qui s'en va aux quatre points cardinaux.

On n'a pas d'idées de mort pendant ces crises; non, la pensée du suicide n'est pas même supportable; on ne veut pas mourir : loin de là, on veut vivre, on le veut absolument; on voudrait même donner à sa vie mille fois plus d'énergie; c'est une aptitude prodigieuse au bonheur, qui s'exaspère de rester sans application, et qui ne se peut satisfaire qu'au moyen de jouissances immenses, dévorantes, furieuses, en rapport avec l'incalculable surabondance de sensibilité dont on est pourvu.

Cet état n'est pas le spleen, mais il l'amène plus tard : c'est l'ébullition, l'évaporation du cœur, des sens, du cerveau, du fluide nerveux. Le spleen, c'est la congélation de tout cela, c'est le bloc de glace.

Même à l'état calme, je sens toujours un peu d'*isolement* les dimanches d'été, parce que nos villes sont inactives ces jours-là, parce que chacun sort, va à la campagne; parce qu'on est *joyeux au loin*, parce qu'on est *absent*. Les adagio des symphonies de Beethoven, certaines scènes d'*Alceste* et d'*Armide* de Gluck, un air de son opéra italien de *Telemaco*, les Champs-Élysées de son *Orphée*, font naître aussi d'assez violents accès de la même souffrance; mais ces chefs-d'œuvre portent avec eux leur contrepoison : ils font déborder les larmes, et on est soulagé. Les adagio de quelques-unes des sonates de Beethoven, et l'*Iphigénie en Tauride* de Gluck, au contraire, appartiennent entièrement au spleen, et le provoquent; il fait froid làdedans, l'air y est sombre, le ciel gris de nuages, le vent du nord y gémit sourdement.

Il y a d'ailleurs deux espèces de spleen; l'un est ironique, railleur, emporté, violent, haineux; l'autre, taciturne et sombre, ne demande rien que l'inaction, le silence, la solitude et le sommeil. A l'être qui en est possédé tout devient indifférent; la ruine d'un monde saurait à peine l'émouvoir. Je voudrais alors que la terre fût une bombe remplie de poudre, et j'y mettrais le feu, pour m'amuser.

En proie à ce genre de spleen, je dormais un jour dans le bois de lauriers de l'Académie, roulé dans un tas de feuilles mortes, comme un hérisson, quand je me sentis poussé du pied par deux de nos camarades : c'étaient Constant Dufeu, l'architecte, et Dantan aîné, le statuaire, qui venaient me réveiller: « Ohé! père la joie! veux-tu venir à Naples, nous y allons?

—Allez au diable! vous savez bien que je n'ai plus d'argent.

— Mais jobard que tu es, nous en avons, et nous t'en prêterons! Allons, aide-moi donc, Dantan, et levons-le de là, sans quoi nous n'en tirerons rien. Bon! te voilà sur pieds! Secoue-toi un peu maintenant; va demander à M. Horace la permission de Naples, et, dès que ta valise sera faite, nous partirons; c'est convenu. »

Nous partîmes en effet.

Y compris un scandale assez joli, par nous causé dans la petite ville de Cyprano... après dîner, je ne me souviens d'aucun incident narrable pendant ce trajet bourgeoisement fait en voiturin. Mais Naples!...

XIII

NAPLES.

Naples!!! Ciel limpide et pur! soleil de fêtes!
riche terre!

Tout le monde a décrit, et beaucoup mieux
que je ne pourrais le faire, ce merveilleux jardin. Quel voyageur, en effet, n'a été frappé
de la splendeur de son aspect général! Qui n'a
admiré à midi la mer faisant la sieste, et les plis
moëlleux de sa robe azurée et le bruit flatteur
avec lequel elle l'agite doucement! Perdu à minuit dans le cratère du Vésuve, qui n'a senti un
vague sentiment d'effroi aux sourds roule-
ments de son tonnerre intérieur, aux cris de fureur qui s'échappent de sa bouche, à ces explo-
sions, à ces myriades de roches fondantes, diri-
gées contre le ciel comme de brûlants blasphêmes,

qui retombent ensuite, roulent sur le col de la montagne, et s'arrêtent pour former un ardent collier sur la vaste poitrine du volcan! Qui n'a parcouru tristement le squelette de cette désolée Pompéïa, et, spectateur unique, n'a attendu sur les gradins de l'amphithéâtre, la tragédie d'Euripide ou de Sophocle pour laquelle la scène semble encore préparée! Qui n'a accordé un peu d'indulgence aux mœurs des lazzaroni, ce charmant peuple d'enfants, si gai, si voleur, si spirituellement facétieux et si naïvement bon quelquefois!

Je me garderai donc d'aller sur les brisées de tant de descripteurs; mais je ne puis résister au plaisir de raconter ici une anecdote qui peint on ne peut mieux le caractère des pêcheurs napolitains. Il s'agit d'un festin que des lazzaroni me donnèrent trois jours après mon arrivée, et d'un présent qu'ils me firent au dessert. C'était par un beau jour d'automne, avec une fraîche brise, une atmosphère claire, transparente, à faire croire qu'on pourrait de Naples, sans trop étendre le bras, cueillir des oranges à Caprée; je me promenais à la villa Reale ; j'avais prié mes compagnons de voyage, nos camarades de l'Académie romaine, de me laisser errer seul ce jour-là. En passant près d'un petit pavillon que je ne remarquais point, un soldat en faction devant l'entrée me dit brusquement en français :

— Monsieur, levez votre chapeau!
— Pourquoi donc?
— Voyez!

Et me désignant du doigt une noble statue de marbre placée au centre du pavillon, je lus sur le socle ces deux mots qui me firent à l'instant faire le signe de respect que l'enthousiaste militaire me demandait : Torquato Tasso. Cela est bien! Cela est touchant!... Mais j'en suis encore à me demander comment la sentinelle du poète avait deviné que j'étais Français et artiste, et que j'obéirais avec empressement à son injonction. Savant physionomiste! Je reviens à mes lazzaroni.

Je marchais donc nonchalamment au bord de la mer, en songeant, tout ému, au pauvre Tasso, dont j'avais, avec Mendelssohn, visité la modeste tombe à Rome, au couvent de Sant-Onofrio, quelques mois auparavant, philosophant à part moi sur le malheur des poètes qui sont poètes par le cœur, etc., etc. Tout d'un coup Tasso me fit penser à Cervantes, Cervantes à sa charmante pastorale *Galathée,* Galathée à une délicieuse figure qui brille à côté d'elle dans le roman et qui se nomme Nisida, Nisida à l'île de la baie de Pouzzoles qui porte ce joli nom ; et je fus pris à l'improviste d'un désir irrésistible de visiter l'île de Nisida.

J'y cours; me voilà dans la grotte du Pausilippe ; j'en sors toujours courant ; j'arrive au rivage ; je vois une barque, je veux la louer ; je demande quatre rameurs, il en vient six ; je leur offre un prix raisonnable, en leur faisant observer que je n'avais pas besoin de six hommes pour nager dans une coquille de noix jusqu'à Nisida. Ils insistent en souriant, et demandent à peu près trente francs pour une course qui en valait cinq tout au plus ; j'étais de bonne humeur, deux jeunes garçons se tenaient à l'écart, sans rien dire, avec un air d'envie ; j'éclatai de rire à l'insolente prétention de mes rameurs, et désignant les deux lazzaronetti :

— Eh bien ! oui, allons, trente francs ; mais venez tous les huit, et ramons vigoureusement.

Cris de joie, gambades des petits et des grands ! Nous sautons dans la barque, et en quelques minutes nous arrivons à Nisida. Laissant *mon navire* à la garde de l'*équipage*, je monte dans l'île, je la parcours dans tous les sens, je veux tout voir, jardins, villas, prison, bois d'oliviers ; assis sur un tertre, je regarde le soleil descendre derrière le cap Misène, poétisé par l'auteur de *l'Énéide*, pendant que la mer, qui ne se souvient ni de Virgile, ni d'Énée, ni d'Ascagne, ni de Misène, ni de Palinure, chante gaîment dans le mode majeur mille accords scintillants... Je serais resté là jusqu'au lendemain, je crois, si un de mes *matelots*, délégué par le *capitaine*, ne fût venu me *héler* et m'avertir que le vent fraîchissait, et que nous aurions de la peine à regagner la terre ferme si nous tardions encore à *lever l'ancre*, à *déraper*. Je me rends à ce prudent avis. Je descends; chacun reprend sa place sur le *navire;* le capitaine, digne émule du héros troyen :

> . . . . *Eripit ensem*
> *Fulmineum* (ouvre son grand couteau) *strictoque ferit retinacula ferro* (et coupe vivement la ficelle);
> *Idem omnes simul ardor habet; rapiuntque, ruuntque;*
> *Littora deseruére; latet sub classibus œquor;*
> *Adnixi torquent spumas, et cœrula verrunt.*

(Tous pleins d'ardeur et d'un peu de crainte, nous nous précipitons, nous fuyons le rivage ; nos rames font voler des flocons d'écume, la mer disparaît sous notre.... canot.)

Cependant il y avait vraiment du danger, la coquille de noix frétillait d'une singulière façon à travers les crêtes blanches de vagues disproportionnées ; mes gaillards ne riaient plus et commençaient à chercher leurs chapelets. Tout cela me paraissait d'un ridicule atroce, et je me disais : « A propos de quoi vais-je me noyer ? A propos d'un soldat lettré qui admire Tasso ; pour moins encore, pour un chapeau ; car, si j'eusse marché tête nue, le soldat ne m'eût pas interpellé; je n'aurais pas songé au chantre d'Armide, ni à l'auteur de *Galathée*, ni à Nisida : Je n'aurais pas fait cette sotte excursion insulaire, et je serais tranquillement assis à Saint-Charles en ce moment, à écouter la Brambilla et Tamburini ! » Ces réflexions et les mouvements de la nef en perdition me faisaient grand mal au cœur, je l'avoue. Pourtant le dieu des mers, trouvant la plaisanterie suffisante comme cela, nous permit de gagner la terre, et les *matelots*, jusque-là muets comme des poissons, recommencèrent à crier comme des geais. Leur joie même fut si grande, qu'en recevant les trente francs que j'avais consenti à me laisser escroquer, ils eurent un remords et me prièrent avec une véritable bonhomie, de venir dîner avec eux. J'acceptai; ils me conduisirent assez loin de là, au milieu d'un bois de peupliers, sur la route de Pouzzoles, en un lieu fort solitaire, et je commençais à calomnier leur candide intention (pauvres lazzaroni !), quand nous arrivâmes vers une chaumière à eux bien connue, où mes amphitryons se hâtèrent de donner des ordres pour le festin.

Bientôt apparut un petit monticule de fumants macaroni; ils m'invitèrent à y plonger la main droite à leur exemple; un grand pot de vin de Pausilippe fut placé sur la table, et chacun de nous y buvait à son tour, après, toutefois, un vieillard édenté, le seul de la bande, qui devait boire le premier avant moi; le respect pour l'âge l'emportant chez ces braves enfants, même sur la courtoisie qu'ils reconnaissaient devoir à leur hôte. Le vieux, après avoir bu déraisonnablement, commença à parler politique et à s'attendrir beaucoup au souvenir du roi Joachim, qu'il portait dans son cœur; les jeunes lazzaroni, pour le distraire et me procurer un divertissement, lui demandèrent avec instances le récit d'un long et pénible voyage de mer qu'il avait fait autrefois et dont l'histoire était célèbre.

Là-dessus le vieux lazzarone raconta, au grand ébahissement de son auditoire, comment embarqué à vingt ans sur un *speronare*, il avait demeuré en mer *trois jours et deux nuits*, et comme quoi, *toujours poussé vers de nouveaux rivages*, il avait enfin été jeté dans *une île lointaine*, où l'*on prétend* que Napoléon depuis lors a été exilé, et que les indigènes appellent Isola d'Elba. Je manifestai une grande émotion à cet incroyable récit, en félicitant de tout mon cœur le brave marin d'avoir échappé à des dangers aussi formidables. De là profonde sympathie des lazzaroni pour *Mon Excellence;* la reconnaissance les exalte, on se parle à l'oreille, on va, on vient dans la chaumière avec un air de mystère; je vois qu'il s'agit des préparatifs de quelque surprise flatteuse qui m'est destinée. En effet, au moment où je me levais pour prendre congé de la société, le plus grand des jeunes lazzaroni m'aborde d'un air embarrassé, et me prie, au nom de ses camarades et pour l'amour d'eux, d'accepter un souvenir, un présent, le plus magnifique qu'ils pouvaient m'offrir, et capable de faire pleurer l'homme le moins sensible. C'était un oignon monstrueux, une énorme ciboule, que je reçus avec une modestie et un sérieux dignes de la circonstance, et que j'emportai jusqu'au sommet du Pausilippe, après mille adieux, serremens de mains et protestations d'une amitié inaltérable.

. . . .

Je venais de quitter ces bonnes gens et cheminais péniblement, à cause d'un coup que je m'étais donné au pied droit en descendant de Nisida; il faisait presque nuit. Une belle calèche passe sur la route de Naples. L'idée peu fashionable me vient de sauter sur la banquette de derrière, libre par l'absence du valet de pied, et de parvenir ainsi sans fatigue jusqu'à la ville. Mais j'avais compté sans la jolie petite parisienne emmousselinée qui trônait à l'intérieur et qui, de sa voix aigre-douce appelant vivement le cocher : « Louis, il y a quelqu'un derrière! » me fit administrer à travers la figure un ample coup de fouet. Ce fut le présent de ma gracieuse compatriote. J'aime mieux la ciboule. O poupée française! si Crispino seulement s'était trouvé là, nous t'aurions fait passer un singulier quart-d'heure!

Je revins donc clopin-clopant, en songeant aux

charmes de la vie de brigand, qui malgré ses fatigues, serait vraiment aujourd'hui la seule digne d'un honnête homme, si dans la moindre bande ne se trouvaient toujours tant de misérables stupides et puants!

J'allai oublier mon chagrin et me reposer à Saint-Charles. Et là, pour la première fois depuis mon arrivée en Italie, j'entendis de la musique. L'orchestre comparé à ceux que j'avais observés jusqu'alors, me parut excellent. Les instruments à vent peuvent être écoutés en sécurité, on n'a rien à craindre de leur part; les violons sont assez habiles, et les violoncelles chantent bien, mais ils sont en trop petit nombre. Le système généralement adopté en Italie, de mettre toujours moins de violoncelles que de contre-basses, ne peut être justifié que par le genre de musique, sans basses dessinées, que les orchestres italiens exécutent habituellement. Je reprocherais bien aussi au maestro di capella le bruit souverainement désagréable de son archet dont il frappe un peu rudement son pupitre; mais on m'a assuré que sans cela, les *musiciens* qu'il dirige, seraient quelquefois embarrassés pour *suivre la mesure*... A cela il n'y a rien à répondre; car enfin, dans un pays où la musique instrumentale est à peu près inconnue, on ne doit pas exiger des orchestres comme ceux de Berlin, de Brunswick ou de Paris. Les choristes sont d'une faiblesse extrême; je tiens d'un compositeur qui a écrit pour le théâtre Saint-Charles, qu'il est fort difficile, pour ne pas dire impossible, d'obtenir une bonne exécution des chœurs écrits à *quatre parties*. Les soprani ont beaucoup de peine à marcher isolés des ténors, et on est pour ainsi dire obligé de les leur faire continuellement doubler à l'octave.

Au *Fondo* on joue l'opéra buffa avec une verve, un feu, un *brio*, qui lui assurent une supériorité incontestable sur la plupart des théâtres d'opéra-comique. On y représentait pendant mon séjour une farce très-amusante de Donizetti, *les Convenances et les Inconvenances du théâtre*.

On pense bien néanmoins que l'attrait musical des théâtres de Naples ne pouvait lutter avec avantage contre celui que m'offrait l'exploration des environs de la ville, et que je me trouvais plus souvent dehors que dedans.

Déjeunant un matin à Castellamare avec Munier, le peintre de marine que nous avions surnommé Neptune: « Que faisons-nous? me dit-il
« en jetant sa serviette, Naples m'ennuie, n'y
« retournons pas.

— « Allons en Sicile.

— « C'est cela, allons en Sicile; laissez-moi
« seulement finir une *étude* que j'ai commencée,
« et à cinq heures nous irons retenir notre place
« sur le bateau à vapeur.

— « Volontiers, quelle est notre fortune? »

Notre bourse visitée, il se trouva que nous avions bien assez pour aller jusqu'à Palerme, mais que, pour en revenir, il eût fallu, comme disent les moines, *compter sur la Providence;* et, en Français totalement dépourvus de la vertu qui *transporte des montagnes*, jugeant qu'il ne fallait pas tenter Dieu, nous nous séparâmes, lui pour aller portraire la mer, moi pour retourner pédestrement à Rome.

Ce projet était arrêté dans ma tête depuis quelques jours. Rentré à Naples le même soir, après avoir dit adieu à Dufeu et à Dantan, le hasard me fit rencontrer deux officiers suédois de ma connaissance, qui me firent part de leur intention de se rendre à Rome à pied.

— « Parbleu, leur dis-je, je pars demain pour Subiaco; je veux y aller en droite ligne, à travers les montagnes, *franchissant rocs et torrents* comme le chasseur de chamois; nous devrions faire le trajet ensemble. »

Malgré l'extravagance d'une pareille idée, ces messieurs l'adoptèrent. Nos effets furent aussitôt expédiés par un *vetturino;* nous convînmes de nous diriger sur Subiaco à vol d'oiseau, et, après nous y être reposés un jour, de retourner à Rome par la grande route. Ainsi fut fait. Nous avions endossé tous les trois le costume obligé de toile grise; M. B*** portait son album et ses crayons ; deux cannes étaient toutes nos armes.

On vendangeait alors. D'excellens raisins (qui n'approchent pourtant pas de ceux du Vésuve) firent à peu près toute notre nourriture pendant la première journée ; les paysans n'acceptaient pas toujours notre argent, et nous nous abstenions quelquefois de nous enquérir des propriétaires. L'un deux cependant nous entendit abattant des poires à coups de pierres dans son champ. J'avais franchi la haie pour les ramasser, et j'étais fort tranquillement occupé à en remplir mon chapeau, quand je vis accourir mon homme criant au voleur. Impossible de refranchir la clôture, chargé de butin comme je l'étais ; un excès d'effronterie me tira d'affaire. Au moment où le maître des poires s'apprêtait à me traiter selon mes mérites :

« Comment, s..... canaille ! lui dis-je d'un air
« furieux, il y a une demi-heure que nous vous
« appelons pour vous acheter des fruits, et vous
« ne répondez pas ?... Croyez-vous donc que
« nous ayons le temps de vous attendre ? Tenez,
« voilà six grains[1] pour vos poires qui ne valent
« pas le diable, et tachez une autre fois de ne pas
« vous moquer ainsi des voyageurs, ou pardieu
« il vous arrivera malheur. »

Là-dessus un de mes compagnons de maraude

---

[1] *Grani*, monnaie napolitaine.

étouffant de rire me tend la main pour m'aider à sortir du champ, et nous laissons notre homme immobile d'étonnement, la bouche ouverte, regardant d'un air stupide la monnaie de cuivre que je lui laissais, et se consultant pour savoir s'il nous ferait des excuses.... Le soir, à Capoue, nous trouvâmes *bon souper, bon gîte et....* un improvisateur.

Ce brave homme, après quelques préludes brillants sur sa grande mandoline, s'informa de quelle nation nous étions.

— « Français répondit M. Kl.....rn. »

J'avais entendu un mois auparavant les *improvisations* du Tyrtée campanien ; il avait fait la même question à mes compagnons de voyage, qui répondirent :

— « Polonais. »

A quoi, plein d'enthousiasme, il avait répliqué :

— « J'ai parcouru le monde entier, l'Italie,
« l'Espagne, la France, l'Allemagne, l'Angle-
« terre, la Pologne, la Russie ; mais les plus
« braves, sont les Polonais, sont les Polonais. »

Voici la cantate qu'il adressa, en musique également *improvisée*, et *sans la moindre hésitation*, aux trois prétendus Français :

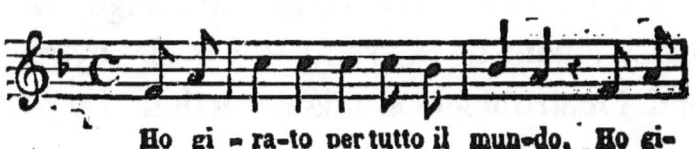

Ho gi-ra-to per tutto il mun-do, Ho gi-

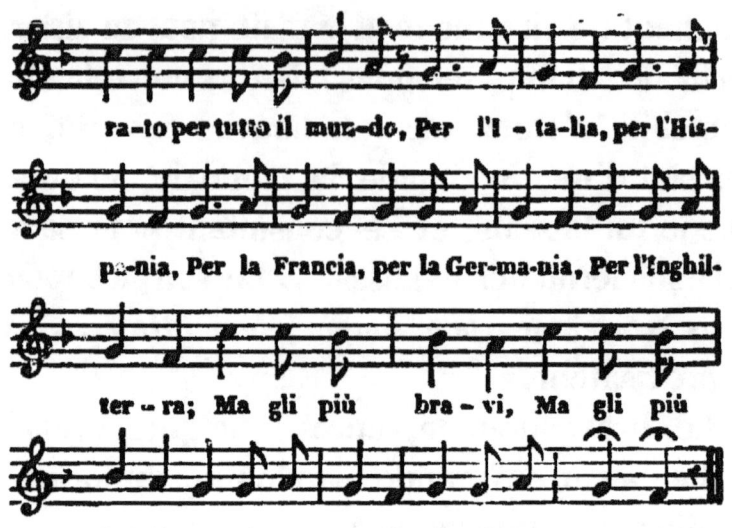

On conçoit combien je dus être flatté, et quelle fut la mortification des deux Suédois.

Avant de nous engager tout-à-fait dans les Abbruzzes, nous nous arrêtâmes une journée à San-Germano pour visiter le fameux couvent du *Monte-Cassino*.

Ce monastère de bénédictins, situé comme celui de Subiaco, sur une montagne, est loin de lui ressembler sous aucun rapport. Au lieu de cette simplicité naïve et originale qui charme à San-Benedetto, vous trouvez ici le luxe et les proportions d'un palais. L'imagination recule devant l'énormité des sommes qu'ont coûtées tous les objets précieux rassemblés dans la seule église. Il y a un orgue avec de petits anges fort ridicules, jouant de la trompette et des cymbales quand l'instrument est mis en action. Le parvis est des marbres les plus rares, et les amateurs peuvent admirer dans le chœur des stalles en bois, sculptées avec un art infini, représentant différentes scènes de la vie monacale.

Une marche forcée nous fit parvenir en un jour de San-Germano à Isola di Sora, village situé sur la frontière du royaume de Naples et remarquable par une petite rivière qui forme une assez belle cascade après avoir mis en jeu plusieurs établissements industriels. Une mystification d'un singulier genre nous y attendait. M. Kl...rn et moi avions les pieds en sang, et tous les trois furieux de soif, harassés, couverts d'une poussière brûlante, notre premier mot, en entrant dans la ville fut pour demander la locanda (auberge)

« *E locanda... non ce n'è.* » nous répondaient les paysans avec un air de pitié railleuse. « *Ma peró per la notte dove si va?*

— *E..... chi lo sa?....* »

Nous demandons à passer la nuit dans une mauvaise remise; il n'y avait pas un brin de paille, et d'ailleurs le propriétaire s'y refusait. On n'a pas d'idée de notre impatience, augmentée encore par le sang-froid et les ricanements de ces manants. Se trouver dans un petit bourg commerçant comme celui-là, obligés de coucher dans la rue, faute d'une auberge ou d'une maison hospitalière..... c'eût été fort, mais c'est pourtant ce qui nous serait arrivé indubitablement, sans un souvenir qui me frappa très à propos.

J'avais déjà passé, de jour, une fois à Isola di Sora ; je me rappelai heureusement le nom de M. Courrier, Français, propriétaire d'une papeterie. On nous montre son frère dans un groupe ; je lui expose notre embarras, et après un instant de réflexion, il me répond tranquillement en français, je pourrais même dire en dauphinois, car l'accent en fait presque un idiome :

« Pardi ! on vous couchera ben.

Ah ! nous sommes sauvés !

M. Courrier est Dauphinois, je suis Dauphinois, et entre Dauphinois, comme dit Charlet, l'*affaire peut s'arranger*. En effet, le papetier qui me reconnut, exerça à notre égard la plus franche hospitalité. Après un souper très confortable, un lit *monstre*, comme je n'en ai vu qu'en Italie, nous reçut tous les trois ; nous y reposâmes fort à l'aise, en réfléchissant qu'il serait bon pour le reste de notre voyage de connaître les villages qui ne sont pas sans *locanda*, pour ne pas courir une seconde fois le danger auquel nous venions d'échapper. Notre hôte nous tranquillisa un peu le lendemain, par l'assurance qu'en deux jours de marche nous pourrions arriver à Subiaco ; il n'y avait donc plus qu'une nuit chanceuse à passer. Un petit garçon nous guida à travers les vignes et les bois pendant une heure, après quoi, sur quelques indications assez vagues qu'il nous donna, nous poursuivîmes seuls notre route.

Veroli est un grand village qui de loin a l'air d'une ville et couvre le sommet d'une montagne. Nous y trouvâmes un mauvais dîner de pain et de jambon cru, à l'aide duquel nous parvînmes avant la nuit à un autre rocher habité, plus âpre et plus sauvage : c'était Alatri. A peine parvenus à l'entrée de la rue principale, un groupe de femmes et d'enfants se forma derrière nous et nous suivit jusqu'à la place avec toutes les marques de la plus vive curiosité. On nous indiqua une maison, ou plutôt un chenil, qu'un vieil écriteau désignait comme la locanda ; malgré tout notre dégoût ce fut là qu'il fallut passer la nuit. Dieu ! quelle nuit ! elle ne fut pas employée à dormir, je puis l'assurer ; les insectes de *toute espèce*, qui foisonnaient dans nos draps rendirent tout repos impossible. Pour mon compte ces myriades me tourmentèrent si cruellement que je fus pris au matin d'un violent accès de fièvre.

Que faire ?... Ces messieurs ne voulaient pas me laisser à Alatri..... Il fallait arriver au plus tôt à Subiaco... Séjourner dans cette bicoque était une triste perspective... Cependant, je tremblais tellement qu'on ne savait comment me réchauffer et que je ne me croyais guère capable de faire un pas. Mes compagnons d'infortune, pendant que je grelottais, se consultaient en langue suédoise, mais leur physionomie exprimait trop bien l'embarras extrême que je leur causais pour qu'il fût possible de s'y méprendre. Un effort de ma part était indispensable; je le fis, et après deux heures de marche au pas de course, la fièvre avait disparu.

Avant de quitter Alatri, un conseil des géographes du pays fut tenu sur la place pour nous indiquer notre route. Bien des opinions émises et débattues, celle qui nous dirigeait sur Subiaco par Arcino et Anticoli ayant prévalu nous l'adoptâmes. Cette journée fut la plus pénible que nous eussions encore faite depuis le commencement du voyage. Il n'y avait plus de chemins frayés; nous suivions des lits de torrens, enjambant à grand'peine les quartiers de rochers dont ils sont à chaque instant encombrés.

Plusieurs fois nous nous sommes égarés dans ce labyrinthe, il fallait alors gravir de nouveau la colline que nous venions de descendre, ou, du fond d'un ravin, crier à quelque paysan:

« *Ohe!!! la strada d'Anticoli?...* »

A quoi il répondait pour l'ordinaire par un éclat de rire ou par:

« *Via! Via!* » ce qui nous rassurait beaucoup, comme on peut le penser. Nous y parvînmes cependant; je me rappelle même avoir trouvé à Anticoli, grande abondance d'œufs, de jambon et d'épis de maïs, que nous fîmes rôtir à l'exemple des pauvres habitans de ces terres stériles et dont la saveur sauvage n'est pas désagréable. Le chirurgien d'Anticoli, gros homme rouge qui avait l'air d'un boucher, vint nous honorer de ses questions sur la *garde nationale de Paris* et nous offrir de lui acheter un *livre imprimé*...

D'immenses pâturages restaient à traverser avant la nuit : un guide fut indispensable. Celui que nous prîmes ne paraissait pas très sûr de la route, il hésitait souvent ; un vieux berger, assis au bord d'un étang, et qui n'avait peut-être pas entendu de voix humaine depuis un mois, n'étant point prévenu de notre approche par le bruit de nos pas, que le gazon touffu rendait imperceptible, faillit tomber à l'eau quand nous lui demandâmes brusquement la direction d'Arcinasso, joli village (au dire de notre guide) où nous devions trouver *toutes sortes de rafraîchissements*.

Il se remit pourtant un peu de sa terreur, grace à quelques baïochi qui lui prouvèrent nos dispositions amicales ; mais il fut presque impossible de comprendre sa réponse, qu'une voix gutturale plus semblable à un gloussement qu'à un langage humain, rendait inintelligible.

Le *joli village d'Arcinasso* n'est qu'une osteria (cabaret) au milieu de ces vastes et silencieuses *steppes ;* une vieille femme y vendait du vin et de l'eau fraîche dont nous avions grand besoin. L'album de M. B....t ayant excité son attention, nous lui dîmes que c'était une bible ; là-dessus, se levant pleine de joie, elle examina chaque dessin l'un après l'autre, et, après avoir embrassé cordialement M. B....t, nous donna à tous les trois sa bénédiction.

Rien ne peut donner une idée du silence qui règne dans ces interminables prairies. Nous n'y trouvâmes d'autres habitants que le vieux berger avec son troupeau et un corbeau qui se promenait plein d'une gravité triste..... A notre approche il prit son vol vers le Nord......... Je le suivis longtemps des yeux...... puis.... des rêves sans fin.... Mais il s'agissait bien de *rêver et de bailler aux corbeaux*, il fallait absolument arriver cette nuit même à Subiaco. Le guide d'Anticoli était reparti, l'obscurité approchait rapidement ; nous marchions depuis trois heures, silencieux comme des spectres, quand un buisson, sur lequel j'avais tué une grive sept mois auparavant, me fit reconnaître notre position.

« Allons, Messieurs, dis-je aux deux Suédois, encore un effort ! je me retrouve en pays de connaissance, dans deux heures nous serons arrivés. »

Effectivement, quarante minutes étaient à peine écoulées quand nous aperçumes, à une grande profondeur sous nos pieds, briller des lumières: c'était Subiaco. J'y trouvai Gibert... éveillé !! il me prêta du linge dont j'avais grand besoin. Je comptais aller me reposer, mais bientôt les cris : *Oh! Signor Sidoro!* [1] *ecco questo signore Francese che suona la chitarra*[2] ! » Et Flacheron d'accourir, avec la belle Mariucia [3] le tambour de basque à la main, et bon gré malgré, il fallut danser le saltarello jusqu'à minuit.

C'est en quittant Subiaco, deux jours après que j'eus la spirituelle idée de l'expérience qu'on va lire.

MM. Bennet et Klinksporn, mes deux compagnons suédois, marchaient très vite, et leur allure me fatiguait beaucoup. Ne pouvant obtenir d'eux de s'arrêter de temps en temps ni de ralentir le pas, je pris le parti de les laisser prendre les devants et de m'étendre tranquillement à l'ombre, quitte à faire ensuite comme le lièvre de la fable, pour les rattraper. Ils étaient déjà fort loin quand je me demandai en me relevant : serais-je capable de courir, sans m'arrêter, d'ici à Tivoli? (c'était bien un trajet de huit lieues) Essayons! Et me voilà courant comme s'il se fût agi d'atteindre une maîtresse enlevée. Je revois les Suédois, je les dépasse; je traverse un village, deux villages, poursuivi par les aboiements de tous les chiens, faisant fuir en grognant les porcs

---

[1] Isidore Flacheron.

[2] Faute de pouvoir prononcer mon nom, les Subiacois me désignaient toujours de la sorte.

[3] Aujourd'hui madame Flacheron.

pleins d'épouvante, mais suivi du regard bienveillant des habitants persuadés que je venais de *faire un malheur*[1].

Bientôt une douleur vive dans l'articulation du genou vint me rendre impossible la flexion de la jambe droite. Il fallut la laisser pendre et la trainer en sautant sur la gauche. C'était diabolique, mais je tins bon, et je parvins à Tivoli sans avoir interrompu un instant cette course absurde. J'aurais mérité de mourir en arrivant d'une rupture du cœur. Il n'en résulta rien. Il faut croire que j'ai le cœur dur.

Quand les deux officiers suédois parvinrent à Tivoli, une heure après moi, ils me trouvèrent endormi; me voyant ensuite, au réveil, parfaitement sain de corps et d'esprit (et je leur pardonne bien sincèrement d'avoir eu des doutes à cet égard), ils me prièrent d'être leur cicerone dans l'examen qu'ils avaient à faire des curiosités locales. En conséquence nous allâmes visiter le joli petit temple de Vesta, qui a plutôt l'air d'un temple de l'Amour; la grande cascade, les Cascatelles, la grotte de Neptune; il fallut admirer l'immense stalactite de cent pieds de haut, sous laquelle gît enfouie la maison d'Horace, sa célèbre villa de Tibur; je laissai ces messieurs se reposer une heure sous les oliviers qui croissent au-dessus de la demeure du poëte, pour

[1] Assassiner quelqu'un.

gravir seul la montagne voisine et couper à son sommet un jeune myrthe. A cet égard, je suis comme les chèvres; impossible de résister à mon humeur grimpante, auprès d'un monticule verdoyant. Puis, comme nous descendions dans la plaine, on voulut bien nous ouvrir la villa Mecena; nous parcourûmes son grand salon voûté, que traverse maintenant un bras de l'Anio, donnant la vie à un atelier de forgerons, où retentit, sur d'énormes enclumes, le bruit cadencé de marteaux monstrueux. Cette même salle résonna jadis des strophes épicuriennes d'Horace, entendit s'élever dans sa douce gravité, la voix mélancolique de Virgile, récitant, après les festins présidés par le ministre d'Auguste, quelque fragment magnifique de ses poèmes des champs :

> Hactenus arvorum cultus et sidera cæli :
> Nunc te, Bacche, canam, nec non silvestria tecum
> Virgulta, et prolem tarde crescentis olivæ.

Plus bas, nous examinâmes en passant la villa d'Este, dont le nom rappelle celui de la princesse Eleonora, célèbre par Tasso et l'amour douloureux qu'elle lui inspira.

Au-dessous, à l'entrée de la plaine, je guidai ces messieurs dans le labyrinthe de la villa Adriana; nous visitâmes ce qui reste de ses vastes jardins; le vallon dont une fantaisie toute puissante voulut créer une copie en miniature de la fameuse vallée de Tempé ; la salle des gardes, où veillent à cette heure des essaims d'oiseaux de proie ; et enfin l'emplacement où s'éleva le théâtre privé de l'empereur, et qu'une plantation de choux, le plus ignoble des légumes, occupe maintenant.

Comme le temps et la mort doivent rire de ces bizarres transformations !

Me voilà rentré à la caserne académique ! Recrudescence d'ennui. Une sorte d'influenza plus ou moins contagieuse désole la ville ; on meurt très bien, par centaine, par milliers. Couvert, au grand divertissement des polissons romains, d'une sorte de manteau à capuchon dans le genre de celui que les peintres donnent à Pétrarque, j'accompagne les charretées de morts à l'église Transteverine dont le large caveau les reçoit béant. On lève une pierre de la cour intérieure, et les cadavres suspendus à un crochet de fer sont mollement déposés sur les dalles de ce palais de la putréfaction. Quelques crânes seulement ayant été ouverts par les médecins curieux de savoir pourquoi les malades n'avaient pas voulu guérir, et les cerveaux s'étant répandus dans le char funèbre, l'homme qui remplace à Rome le fossoyeur des autres nations, prend alors *avec une truelle* ces débris de l'organe pensant et les lance fort dextrement au fond du gouffre. Le Gravedigger de Shakespeare, ce maçon de l'éternité qui prétendait *bâtir si solidement*, n'avait pourtant pas songé à se servir de la truelle ni à mettre en œuvre ce mortier humain.

Un architecte de l'académie, Garrez, fait un dessin représentant cette gracieuse scène où je figure encapuchonné. Le spleen redouble.

Bezard le peintre, Gibert le paysagiste, Delanoie l'architecte, et moi, nous formons une société appelée *les quatre*, dans le but d'élaborer et de compléter le grand système philosophique dont j'avais, six mois auparavant, jeté les premières bases, et qui avait pour titre : *Système de l'Indifférence absolue en matière universelle;* doctrine transcendante qui tend à donner à l'homme la perfection et la sensibilité d'un bloc de pierre. Notre système ne prend pas. On nous objecte: la *douleur* et le *plaisir*, les *sentiments* et les *sensations!* On nous traite de fous. Nous avons beau répondre avec une admirable indifférence : Ces messieurs disent que nous sommes fous! Qu'est ce que cela te fait, Bezard? qu'en penses-tu, Gibert? qu'en dis-tu Delanoie?

— Cela ne fait rien à personne.

— Je pense que ces messieurs nous traitent de fous.

— Je dis que ces messieurs nous traitent de fous.

— Il paraît que ces messieurs nous traitent de fous. » On nous rit au nez. Les grands philosophes ont ainsi toujours été méconnus.

Une nuit, je pars pour la chasse avec Debay le statuaire. Nous appelons le gardien de la porte du peuple, qui, grâce aux ordonnances du pape en faveur des chasseurs, est contraint de se lever et de nous ouvrir, après l'exhibition de notre port-d'armes. Nous marchons jusqu'à deux heures du matin. Un certain mouvement dans les herbes voisines de la route nous fait croire à la présence d'un lièvre ; deux coups de fusil partent à la fois... il est mort... c'est un confrère, un émule, un chasseur qui rend à Dieu son ame et son sang à la terre... c'est un superbe chat qui guettait une couvée de cailles. Le sommeil vient, irrésistible. Nous dormons quelques heures dans un champ. Nous nous séparons. Arrive une pluie battante ; je trouve dans une gorge de la plaine, un petit bois de chêne, où je vais inutilement chercher un abri. J'y tue un hérisson, dont j'emporte en trophée quelques beaux piquants. Mais voici un village solitaire ; à l'exception d'une vieille femme lavant son linge dans un mince ruisseau, je n'aperçois pas un être humain. Elle m'apprend que ce silencieux réduit s'appelle Isola Farnese. C'est, dit-on, le nom moderne de l'ancienne Veïes. C'est donc là que fut la capitale des Volsques, ces fiers ennemis de Rome ! C'est là que commanda Aufidius et que le fougueux Marcus Coriolanus vint lui offrir l'appui de son bras sacrilége pour détruire sa propre patrie ! Cette vieille femme accroupie au bord du ruisseau, occupe peut-être la place où la sublime Volumnia, à la tête des matronnes romaines, s'agenouilla devant son fils ! J'ai marché tout le matin sur cette terre où furent livrés tant de beaux combats, illustrés par Plutarque, immortalisés par Shakespeare, mais assez semblables, en réalité, par leur dimension et leur importance, à ceux qui résulteraient d'une guerre entre Versailles et Saint-Cloud ! La rêverie m'immobilise. La pluie continue plus intense. Mes deux chiens aveuglés par l'eau du ciel, se cachent le museau dans les broussailles. Je tue un grand imbécille de serpent qui aurait du rester dans son trou par un pareil temps. Debay m'appelle, en tirant coup sur coup. Nous nous rejoignons pour déjeûner. Je prends dans ma gibecière un crâne que j'avais cueilli sur le haut cimetière de Radicoffani, en revenant de Nice l'année précédente, celui-là même qui me sert de sablier aujourd'hui ; nous le remplissons de tranches de jambon, et nous le plaçons ensuite au milieu d'un ruisselet pour dessaler un peu cette atroce victuaille. Repas frugal arrosé d'une froide pluie ; point de vin, point de cigarres ! Debay n'a rien tué. Quant à moi, je n'ai pu envoyer chez les morts qu'un innocent rouge-gorge pour tenir compagnie au chat, au hérisson et au serpent. Nous nous dirigeons vers l'auberge de la Storta, le seul bouge des environs. Je m'y couche, et je dors trois heures pendant qu'on fait sécher mes habits. Le soleil se montre enfin, la pluie a cessé; je me rhabille à grand' peine et je repars. Debay, plein d'ardeur, n'a pas voulu m'attendre. Je tombe sur une troupe de fort beaux oiseaux, qu'on prétend venir des côtes d'Afrique, et dont je n'ai jamais pu savoir le nom. Ils planent continuellement comme des hirondelles, avec un petit cri semblable à celui des perdrix; ils sont bigarrés de jaune et de vert. J'en abats une demi-douzaine. L'honneur du chasseur est sauf. Je vois de loin Debay manquer un lièvre. Nous rentrons à Rome aussi embourbés que dut l'être Marius quand il sortit des marais de Minturnes.

Semaine stagnante.

Enfin, l'académie s'anime un peu, grâce à la terreur comique de notre camarade L****, qui, amant aimé de la femme d'un Italien, valet de pied de M. Vernet, et surpris avec elle par le mari, se voit toujours au moment d'être sérieusement assassiné. Il n'ose plus sortir de sa chambre; quand vient l'heure des repas, nous sommes obligés d'aller le prendre chez lui et de l'escorter, en le soutenant, jusqu'au réfectoire.

Il croit voir des couteaux briller dans tous les coins du palais. Il maigrit, il est pâle, jaune, bleu ; il vient à rien. Ce qui lui attire un jour à table cette charmante apostrophe de Delanoie : « Eh bien ! mon pauvre L****, tu as donc toujours des chagrins *de domestiques.*? »[1]

Le mot circule avec grand succès.

Mais l'ennui est le plus fort ; je ne rêve plus que Paris. J'ai fini mon mélologue et retouché ma symphonie fantastique : il faut les faire exécuter. J'obtiens de M. Vernet la permission de quitter l'Italie avant l'expiration de mon temps d'exil. Je pose pour mon portrait qui, selon l'usage, est fait par le plus ancien de nos peintres, et prend place dans la galerie du réfectoire, dont j'ai déjà parlé ; je fais une dernière tournée de quelques jours à Tivoli, à Albano, à Palestrina ; je vends mon fusil, je brise ma guitare ; j'écris sur quelques albums ; je donne un grand punch aux camarades ; je caresse longtemps les deux chiens de M. Vernet, compagnons ordinaires de mes chasses ; j'ai un instant de profonde tristesse, en songeant que je quitte cette poétique contrée, peut-être pour ne plus la revoir ; les amis m'accompagnent jusqu'à Ponte-Molle ; je monte dans une affreuse carriole ; me voilà parti.

---

[1] *L**** était un grand séducteur de femmes de chambre ; et il prétendait qu'un moyen sûr de s'en faire aimer, c'était d'avoir toujours l'air un peu triste et un pantalon blanc.*

XIV

RETOUR EN FRANCE.

J'étais fort morose, bien que mon ardent désir de revoir la France fut sur le point d'être rempli. Un tel adieu à l'Italie avait quelque chose de solennel, et, sans pouvoir me rendre bien compte de mes sentiments, j'en avais l'ame oppressée. L'aspect de Florence, où je rentrais pour la quatrième fois, me causa surtout une impression accablante. Pendant les deux jours que je passai dans la cité reine des arts, quelqu'un m'avertit que le peintre Chenavard, cette grosse tête crevant d'intelligence, me cherchait avec empressement et ne pouvait parvenir à me rencontrer. Il m'avait manqué deux fois dans les galeries du palais Pitti, il était venu me demander à l'hôtel, il voulait me voir absolument. Je fus très sensible à cette preuve de sympathie d'un artiste aussi distingué ; je le cherchai sans succès à mon tour, et je partis sans faire sa connaissance. Ce fut cinq ans plus tard seulement, que nous nous vîmes enfin à Paris et que je pus admirer la pénétration, la sagacité et la lucidité merveilleuses de son esprit, dès qu'il veut l'appliquer à l'étude des questions vitales des arts mêmes, tels que la musique et la poésie, les plus différents de l'art qu'il cultive.

Je venais de parcourir le Dôme, un soir en le poursuivant, et je m'étais assis près d'une colonne, pour voir s'agiter les atômes dans un splendide rayon du soleil couchant qui traversait la naissante obscurité de l'église, quand une troupe de prêtres et de porte-flambleaux entra dans la nef pour une cérémonie funèbre. Je m'approchai ; je demandai à un Florentin quel était le personnage qui en était l'objet : *E una Sposina, morta al mezzo giorno !* me répondit-il d'un air gai, en souriant de son grand sourire d'Italien. Les prières furent d'un laconisme extraordinaire, les prêtres semblaient, en commençant, avoir hâte de finir. Puis le corps fut mis sur une sorte de brancard couvert, et le cortége s'achemina vers le lieu où il devait reposer jusqu'au lendemain, avant d'être définitivement inhumé. Je le suivis. Pendant le trajet ; les chantres porte-flambeaux gromelaient bien, pour la forme, quelques vagues oraisons entre leurs dents; mais leur occupation principale était de faire fondre et couler autant de cire que possible, des cierges dont la famille de la morte les avait armés. Et voici pourquoi : Le restant des cierges devait, après la cérémonie, revenir à l'église, et comme on n'osait pas en voler des morceaux entiers, ces braves Lucioli, d'accord avec une troupe de petits drôles qui ne les quittaient pas de l'œil, écarquillaient à chaque instant la mèche du cierge qu'ils inclinaient ensuite pour répandre la cire fondante sur le pavé. Aussitôt les polissons, se précipitant avec une avidité furieuse, détachaient la goutte de cire de la pierre, à l'aide d'un couteau, et la roulaient en boule qui allait toujours grossissant. De sorte, qu'à la fin de ce trajet, assez long, (la morgue étant située à l'une des plus lointaines extrémités de Florence), ils se trouvaient avoir fait, indignes frélons, une assez bonne provision de cire mortuaire. Telle était la pieuse préoccupation des misérables par qui la pauvre Sposina était portée à sa couche dernière.

Parvenu à la porte de la morgue, le même Florentin gai qui m'avait répondu dans le dôme, et qui faisait parti du cortége, voyant que j'observais avec anxiété le mouvement de cette scène, s'approcha de moi et me dit, en espèce de français :

— Vole vous intrer ?

— Oui, comment faire?

— Donnez-moi tre paoli.

Je lui glisse dans la main les trois pièces d'argent qu'il me demandait, il va s'entretenir un instant avec le concierge de la salle funèbre, et je suis introduit. La morte était déjà déposée sur une table. Une longue robe de percale blanche, nouée autour de son cou et au-dessous de ses pieds, la couvrait presque entièrement. Ses noirs cheveux à demi tressés coulaient à flots sur ses épaules ; grands yeux bleus demi clos, petite bouche, triste sourire, cou d'albâtre, air noble et candide... jeune... jeune!... morte!... L'Italien toujours souriant, s'exclama : « *E bella.* » Et, pour me faire mieux admirer ses traits, soulevant la tête de la pauvre jeune belle morte, il écarta de sa sale main les cheveux qui semblaient s'obstiner, par pudeur, à couvrir ce front et ces joues où régnait encore une grace ineffable, et la laissa rudement retomber sur le bois. La salle retentit du choc... Je crus que ma poitrine se brisait, à cette impie et brutale résonnance... N'y tenant plus, je me jette à genoux, je saisis la main de cette beauté profanée, je la couvre de baisers expiatoires, en versant les larmes les plus amères peut-être que j'aie répandues de ma vie... Le Florentin riait toujours...

Mais je vins tout-à-coup à penser ceci : que dirait le mari, s'il pouvait voir la chaste main qui lui fut si chère, froide tout-à-l'heure, attiédie maintenant par les pleurs et les baisers d'un jeune homme inconnu ? Dans son épouvante indignée, n'aurait-il pas lieu de croire que je suis l'amant clandestin de sa femme qui vient, plus aimant et plus fidèle que lui, exhaler sur ce corps adoré un désespoir shakespearien ? Désabusez donc ce malheureux !... Mais n'a-t-il pas mérité de subir l'incommensurable torture d'une erreur pareille ?... Lymphatique époux ! laisse-t-on arracher de ses bras vivants la morte qu'on aime !...

Addio! addio! bella Sposina abbandonata! umbra dolente! adesso, forse, consolata! perdonna ad un straniero le sue pie lagrime sulla tua pallida mano. Almen, colui, non ignora l'amore ostinato e la religione della beltà!

Et je sortis tout bouleversé.

Ah ça mais, si je compte bien, voici la quatrième histoire cadavéreuse que je me permets d'introduire dans ces deux volumes ! Les belles dames qui me liront, s'il en est qui me lisent, ont le droit de demander si c'est pour les tourmenter que je m'entête à leur mettre ainsi de hideuses images sous les yeux. Mon Dieu non ! Je n'ai pas la moindre envie de les troubler de cette façon, ni de reproduire l'ironique apostrophe d'Hamlet. Je n'ai pas même de goût très prononcé pour la mort; j'aime mille fois mieux la vie. Je raconte une partie des choses qui m'ont frappé, il se trouve dans le nombre quelques épisodes de couleur sombre, voilà tout. Cependant je préviens les lectrices, qui ne rient pas quand on leur rappelle qu'elles finiront aussi par *faire cette figure là,* que je n'ai plus rien de vilain à leur narrer, et qu'elles peuvent continuer tranquillement à parcourir ces pages, à moins, ce qui est très probable, qu'elles n'aiment mieux aller faire leur toilette, entendre de mauvaise musique, danser la Polka, dire une foule de sottises et tourmenter leur amant.

En passant à Lodi, je n'eus garde de manquer de visiter le fameux pont. Il me sembla entendre encore le bruit foudroyant de la mitraille de Bonaparte et les cris de déroute des Autrichiens.

Il faisait un temps superbe, le pont était désert, un vieillard seulement, assis sur le bord du tablier, y pêchait à la ligne.—Sainte-Hélène!...

En arrivant à Milan, il fallut, pour l'acquit de ma conscience, aller voir le nouvel opéra. On jouait alors à la Cannobiana l'*Elisire d'amore* de Donizetti. Je trouvai la salle pleine de gens qui parlaient tout haut et tournaient le dos au théâtre; les chanteurs gesticulaient, toutefois, et s'époumonnaient à qui mieux mieux, du moins je dus le croire en les voyant ouvrir une bouche énorme, car il était impossible, à cause du bruit des spectateurs, d'entendre un autre son que celui de la grosse caisse. On jouait, on soupait dans les loges, etc., etc. En conséquence, voyant qu'il était inutile d'espérer entendre la moindre chose de cette partition, alors nouvelle pour moi, je me retirai. Il paraît cependant, plusieurs personnes me l'ont assuré, que les Italiens écoutent quelquefois. En tout cas la musique, pour les Milanais comme pour les Napolitains, les Romains, les Florentins et les Génois, c'est un air, un duo, un trio, tels quels, bien chantés ; hors de là ils n'ont plus que de l'aversion ou de l'indifférence. Peut-être ces antipathies ne sont-elles que des préjugés et tiennent-elles surtout à ce que la faiblesse des masses d'exécution, chœurs ou orchestres, ne leur permet pas de connaître les chefs-d'œuvre placés en dehors de l'ornière circulaire qu'ils creusent depuis si longtemps. Peut-être aussi peuvent-ils suivre encore jusqu'à une certaine hauteur l'essor des hommes de génie, si ces derniers ont soin de ne pas choquer trop brusquement leurs habitudes enracinées. Le grand succès de *Guillaume Tell* à Florence viendrait à l'appui de cette opinion. La *Vestale* même, la sublime création de Spontini, obtint il y a vingt-cinq ans, à Naples, une suite de représentations brillantes. En outre, si l'on observe le peuple dans les villes soumises à la domination autrichienne, on le verra se ruer sur les pas des musiques militaires pour écouter avidement ces belles harmonies allemandes, si différentes des fades cavatines dont on le gorge habituellement. Mais en général, cependant, il est impossible de se dissimuler que le peuple italien n'apprécie de la musique que son effet matériel, ne distingue que ses formes extérieures.

De tous les peuples de l'Europe, je penche fort à le regarder comme le plus inaccessible à la partie poétique de l'art ainsi qu'à toute conception excentrique un peu élevée. La musique n'est pour les Italiens qu'un plaisir des sens, rien autre. Il n'ont guère pour cette belle manifestation de la pensée plus de respect que pour l'art culinaire. Ils veulent des partitions dont ils puissent du premier coup, sans réflexions, sans attention même, s'assimiler la substance, comme ils feraient d'un plat de macaroni.

Nous autres Français, si petits, si mesquins, si étroits en musique, nous pourrons bien comme les Italiens, faire retentir le théâtre d'applaudissements furieux pour une cadence, une gamme chromatique de la cantatrice à la mode, pendant qu'un *chœur* d'action, un *récitatif obligé* du plus grand style passeront inaperçus, mais au moins nous écoutons, et si nous ne comprenons pas les idées du compositeur, ce n'est jamais notre faute. Au-delà des Alpes, au contraire, on se comporte pendant les représentations d'une manière si humiliante pour l'art et les artistes, que j'aimerais autant, je l'avoue, être obligé de vendre du poivre et de la canelle chez un épicier de la rue Saint-Denis, que d'écrire un opéra pour des Italiens. Ajoutez à cela qu'ils sont routiniers et fanatiques comme on ne l'est plus, même à l'Académie; que la moindre innovation imprévue dans le style mélodique, dans l'harmonie, le rhythme ou l'instrumentation, les met en fureur; au point que les dilettanti de Rome à l'apparition du *Barbiere di Siviglia* de Rossini, si complètement italien cependant, voulurent assommer le jeune maëstro pour avoir eu l'insolence de faire autrement que Paësiello.

Mais ce qui rend tout espoir d'amélioration chimérique, ce qui peut faire considérer le sentiment musical particulier aux Italiens comme un résultat nécessaire de leur organisation, ainsi que l'ont pensé Gall et Spurzeim, c'est leur amour exclusif pour tout ce qui est dansant, chatoyant, brillanté, gai, en dépit de la situation dramatique, en dépit des passions diverses qui animent les personnages, en dépit des temps et des lieux, en un mot, en dépit du bon sens. Leur musique rit toujours[1], et quand par hasard, dominé par le drame, le compositeur se permet un

---

[1] Il faut en excepter une partie de celle de Bellini et de ses imitateurs.

instant de n'être pas absurde, vite il s'empresse de revenir au style obligé, aux roulades, aux gruppetti, aux trilles qui, succédant immédiatement à quelques accents vrais, ont l'air d'une raillerie et donnent à *l'opera seria* toutes les allures de la parodie et de la charge.

Si je voulais citer, *les exemples fameux ne me manqueraient pas*; mais pour ne raisonner qu'en thèse générale et abstraction faite des hautes questions d'art, n'est-ce pas d'Italie que sont venues les *formes conventionnelles et invariables* adoptées depuis par quelques compositeurs français, que Chérubini et Spontini, seuls entre tous leurs compatriotes, ont repoussées, et dont l'école allemande est restée pure? Pouvait-il entrer dans les habitudes d'êtres bien organisés, et *sensibles à l'expression musicale* de voir dans uu morceau d'ensemble quatre personnages, animés de *passions entièrement opposées*, chanter successivement tous les quatre la *même phrase mélodique* avec des paroles différentes et employer le même chant pour dire : « O toi que j'adore... — Quelle terreur me glace... — Mon cœur bat de plaisir... — La fureur me transporte. » Supposer, comme le font certaine gens, que la musique est une langue assez vague pour que les inflexions de la *fureur* puissent convenir également à la *crainte*, à la *joie* et à *l'amour*, c'est prouver seulement qu'on est dépourvu du sens qui rend perceptibles à d'autres différents caractères de musique expressive, dont la réalité est pour ces derniers aussi incontestable que l'existence du soleil. Mais cette discussion, quoique déjà mille fois soulevée, m'entraînerait trop loin. Pour en finir, je dirai seulement qu'après avoir étudié longuement, sans la moindre prévention, le caractère musical de la nation italienne, je regarde la route suivie par ses compositeurs comme une conséquence de la disposition naturelle du public. Disposition qui existait à l'époque de Pergolèse, et qui dans le fameux *Stabat* lui avait fait écrire une sorte d'air de bravoure sur le verset :

> *Et mœrebat,*
> *Et tremebat,*
> *Quùm videbat,*
> *Nati pœnas inclyti,*

disposition dont se plaignaient le savant Martini, Beccaria, Calzabigi et beaucoup d'autres esprits élevés; disposition dont Gluck, avec son génie herculéen et malgré le succès colossal d'*Orfeo* n'a pu triompher; disposition qu'entretiennent les chanteurs et que certains compositeurs, qui la partagent eux-mêmes, ont développée à leur tour dans le public jusqu'au point incroyable où nous la voyons aujourd'hui; disposition, enfin, qu'on ne détruira pas plus chez les Italiens que chez les Français, la passion innée du vaudeville. Quant à l'instinct harmonique des ultramontains dont on parle beaucoup, je puis assurer que les récits qu'on en a faits sont au moins exagérés. J'ai entendu, il est vrai, à Tivoli et à Subiaco, des gens du peuple chantant assez purement à deux voix; dans le midi de la France, qui n'a aucune réputation en ce genre, la chose est fort commune. A Rome, au contraire, il ne m'est pas arrivé de surprendre une intonation harmonieuse dans la bouche du peuple; les pecorari (gardiens de troupeaux) de la plaine, ont une espèce de grognement étrange qui n'appartient à aucune échelle musicale et dont la notation est absolument impossible. On prétend que ce chant barbare offre beaucoup d'analogie avec celui des Turcs. C'est à Turin que, pour la première fois, j'ai entendu chanter en chœur dans les rues. Mais ces choristes en plein vent sont pour l'ordinaire des amateurs pourvus d'une certaine éducation développée par la fréquentation des théâtres. Sous ce rapport, Paris est aussi riche que la capitale du Piémont, car il m'est arrivé maintes fois d'entendre, au milieu de la nuit, la rue de Richelieu retentir d'accords assez supportables. Je dois dire d'ailleurs que les choristes piémontais entremêlaient leurs harmonies de quintes successives qui, *présentées de la sorte*, sont odieuses à toute oreille exercée.

Pour les villages d'Italie, dont l'église est dépourvue d'orgue et dont les habitants n'ont pas de relations avec les grandes villes, c'est folie d'y chercher ces harmonies tant vantées, il n'y en a pas la moindre trace. A Tivoli même, si deux jeunes gens me parurent avoir le sentiment des tierces et des sixtes en chantant de jolis couplets, le peuple réuni, quelques mois après, m'étonna par la manière burlesque dont il criait *à l'unisson* les litanies de la Vierge.

Sans vouloir faire en ce genre une réputation aux Dauphinois, que je tiens au contraire pour les plus innocents hommes du monde en tout ce qui se rattache à l'art musical, cependant je dois dire que chez eux la mélodie de ces mêmes litanies est douce, suppliante et triste, comme il convient à une prière adressée à la mère de Dieu; tandis qu'à Tivoli elle a l'air d'une chanson de corps-de-garde. Voici l'une et l'autre; on en jugera.

Chant de Tivoli

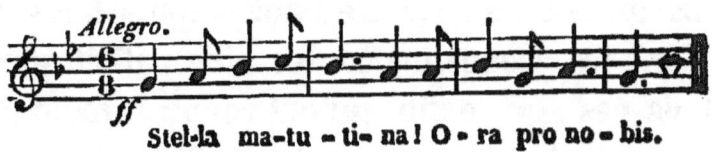

Chant de la Côte-Saint-André (Dauphiné), avec la mauvaise prosodie latine adoptée en France.

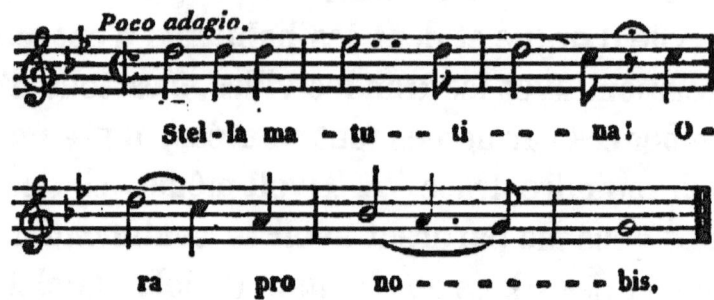

Ce qui est incontestablement plus commun en Italie que partout ailleurs, ce sont les belles voix ; les voix non-seulement sonores et mordantes, mais souples et agiles, qui, en facilitant la vocalisation, ont dû, aidées de cet amour naturel du public pour le clinquant dont j'ai déjà parlé, faire naître, et cette fureur de *fioriture* qui dénature les plus belles mélodies ; et les formules de chant commodes qui font que toutes les phrases italiennes se ressemblent ; et ces cadences finales sur lesquelles le chanteur peut broder à son aise, mais qui torturent bien des gens par leur insipide et opiniâtre uniformité ; et cette tendance incessante au genre bouffe, qui se fait sentir dans les scènes même les plus pathétiques ; et tous ces abus enfin qui ont rendu la mélodie, l'harmonie, le mouvement, le rhythme, l'instrumentation, les modulations, le drame, la mise en scène, la poésie, le poète et le compositeur, esclaves humiliés des chanteurs.

. . . .

Et ce fut le 12 mai que du haut du mont Cenis, je revis, parée de ses plus beaux atours de printemps, cette délicieuse vallée de Grésivaudan où serpente l'Isère, où j'ai passé les plus belles heures de mon enfance, où les premiers rêves poétiques sont venus m'agiter. Voilà mon vieux rocher de St-Eynar... là bas dans cette vapeur bleue, me sourit la maison de mon grand-père. Toutes ces villas... cette riche verdure.... C'est beau, c'est beau.... Il n'y a rien de pareil en Italie!...

Mais mon élan de joie naïve fut brisé soudain par une douleur aigue, que je sentis au cœur... Il m'avait semblé entendre gronder Paris dans le lointain.

LE PREMIER OPÉRA.

NOUVELLE.

Florence, 27 juil'et 1555 ¹.

ALFONSO DELLA VIOLA A BENVENUTO CELLINI.

Je suis triste, Benvenuto ; je suis fatigué, dégoûté ; ou plutôt, à dire vrai, je suis malade, je me sens maigrir, comme tu maigrissais avant d'avoir vengé la mort de Francesco. Mais tu fus bientôt guéri toi, et le jour de ma guérison arrivera-t-il jamais !... Dieu le sait. Pourtant quelle souffrance fut plus que la mienne digne de pitié ? A quel malheureux le Christ et sa sainte Mère

¹ Cette correspondance fictive est basée sur des faits historiques : Benvenuto Cellini, l'un des plus grands sculpteurs et ciseleurs de son temps, fut en effet contemporain d'Alfonso della Viola, auteur d'un opéra qui passe pour le second ou le troisième essai de musique dramatique fait au seizième siècle.

feraient-ils plus de justice en lui accordant ce remède souverain, ce baume précieux, le plus puissant de tous pour calmer les douleurs amères de l'artiste outragé dans son art et dans sa personne, la vengeance. Oh! non, Benvenuto, non, sans vouloir te contester le droit de poignarder le misérable officier qui avait tué ton frère, je ne puis m'empêcher de mettre entre ton offense et la mienne une distance infinie. Qu'avait fait, après tout, ce pauvre diable? Versé le sang du fils de ta mère, il est vrai. Mais l'officier commandait une ronde de nuit; Francesco était ivre; après avoir insulté sans raison, assailli à coups de pierres le détachement, il en était venu, dans son extravagance, à vouloir enlever leurs armes à ces soldats; ils en firent usage, et ton frère périt. Rien n'était plus facile à prévoir, et, conviens-en, rien n'était plus juste.

Je n'en suis pas là, moi. Bien qu'on ait fait pis que de me tuer, je n'ai en rien mérité mon sort; et c'est quand j'avais droit à des récompenses, que j'ai reçu l'outrage et l'avanie.

Tu sais avec quelle persévérance je travaille depuis longues années à accroître les forces, à multiplier les ressources de la musique. Ni le mauvais vouloir des anciens maîtres, ni les stupides railleries de leurs élèves, ni la méfiance des dilettanti qui me regardent comme un homme bizarre, plus près de la folie que du génie, ni les obstacles matériels de toute espèce qu'engendre la pauvreté, n'ont pu m'arrêter, tu le sais. Je puis le dire, puisqu'à mes yeux le mérite d'une telle conduite est parfaitement nul.

Ce jeune Montecco, nommé Roméo, dont les aventures et la mort tragique firent tant de bruit à Vérone, il y a quelques années, n'était certainement pas le maître de résister au charme qui l'entraînait sur les pas de la belle Giuletta, fille de son mortel ennemi. La passion était plus forte que les insultes des valets Capuletti, plus forte que le fer et le poison dont il était sans cesse menacé; Giuletta l'aimait, et pour une heure passée auprès d'elle, il eût mille fois bravé la mort. Eh bien! Ma Giuletta à moi, c'est la musique, et, par le ciel! j'en suis aimé.

Il y a deux ans, je formai le plan d'un ouvrage de théâtre sans pareil jusqu'à ce jour, où le chant, accompagné de divers instruments, devait remplacer le langage parlé et faire naître, de son union avec le drame, des impressions telles, que la plus haute poésie n'en produisit jamais. Par malheur ce projet était fort dispendieux; un souverain ou un juif pouvaient seuls entreprendre de le réaliser.

Tous nos princes d'Italie ont entendu parler du mauvais effet de la prétendue tragédie en musique exécutée à Rome à la fin du siècle dernier; le peu de succès de l'*Orfeo* d'Angelo Politiano, autre essai du même genre, ne leur est pas inconnu, et rien n'eût été plus inutile que de réclamer leur appui pour une entreprise où de vieux maîtres avaient échoué si complètement. On m'eût de nouveau taxé d'orgueil et de folie.

Pour les juifs, je n'y pensai pas un instant; tout ce que je pouvais raisonnablement espérer d'eux, c'était, au simple énoncé de ma proposition, d'être éconduit sans injures, et sans huées de la valetaille; encore n'en connais-je pas un assez intelligent, pour qu'il me fût permis de compter avec quelque certitude sur une telle générosité. J'y renonçai donc, non sans chagrin, tu peux m'en croire; et ce fut le cœur serré que je repris le cours des travaux obscurs qui me font vivre, mais qui ne s'accomplissent qu'aux dépens de ceux dont la gloire et la fortune seraient peut-être le prix.

Une autre idée nouvelle, bientôt après, vint me troubler encore. Ne ris pas de mes découvertes, Cellini, et garde-toi surtout de comparer mon art naissant à ton art depuis longtemps formé. Tu sais assez de musique pour me comprendre. De bonne foi, crois-tu que nos traînants madrigaux à quatre parties soient le dernier degré de perfection où la composition et l'exécution puissent atteindre? Le bon sens n'indique-t-il pas que, sous le rapport de l'expression, comme sous celui de la forme musicale, ces œuvres tant vantées ne sont qu'enfantillages et niaiseries.

Les paroles expriment l'amour, la colère, la jalousie, la vaillance; et le chant, toujours le même, ressemble à la triste psalmodie des moines mendiants. Est-ce là tout ce que peuvent faire la mélodie, l'harmonie, le rhythme? N'y a-t-il pas de ces diverses parties de l'art mille applications qui nous sont inconnues? Un examen attentif de ce qui est ne fait-il pas pressentir avec certitude ce qui sera et ce qui devrait être? Et les instruments, en a-t-on tiré parti? Qu'est-ce que notre misérable accompagnement qui n'ose quitter la voix et la suit continuellement à l'unisson ou à l'octave? La musique instrumentale, prise individuellement, existe-t-elle? Et dans la manière d'employer la vocale, que de préjugés, que de routine! Pourquoi toujours chanter à quatre parties, lors même qu'il s'agit d'un personnage qui se plaint de son isolement?

Est-il possible de rien entendre de plus déraisonnable que ces *canzonnette* introduites depuis peu dans les tragédies, où un acteur, qui parle en son nom et paraît seul en scène, n'en est pas moins accompagné par trois autres voix placées dans la coulisse, d'où elles suivent son chant tant bien que mal?

Sois-en sûr, Benvenuto, ce que nos maîtres, enivrés de leurs œuvres, appellent aujourd'hui le comble de l'art est aussi loin ce qu'on nommera musique dans deux ou trois siècles, que les petits monstres bipèdes, pétris avec de la boue par les enfants, sont loin de ton sublime Persée ou du Moïse de Buonarotti.

Il y a donc d'innombrables modifications à apporter dans un art aussi peu avancé... des progrès immenses lui restent donc à faire... Et pourquoi ne contribuerais-je pas à donner l'impulsion qui les amènera ?...

Mais, sans te dire en quoi consiste ma dernière invention, qu'il te suffise de savoir qu'elle était de nature à pouvoir être mise en lumière à l'aide des moyens ordinaires et sans avoir recours au patronage des riches ni des grands. C'était du temps seulement qu'il me fallait; et l'œuvre, une fois terminée, l'occasion de la produire au grand jour eût été facile à trouver pendant les fêtes qui allaient attirer à Florence l'élite des seigneurs et des amis des arts de toutes les nations.

Or, voilà le sujet de l'âcre et noire colère qui me ronge le cœur.

Un matin que je travaillais à cette composition singulière dont le succès m'eût rendu célèbre dans toute l'Europe, monseigneur Galeazzo, l'homme de confiance du grand-duc, qui, l'an passé, avait fort goûté ma scène d'Ugolino, vient me trouver et me dit : « Alfonso, ton jour est » venu. Il ne s'agit plus de madrigaux, de can- » tates, ni de chansonnettes. Ecoute-moi; les

» fêtes du mariage seront splendides, on n'é-
» pargne rien pour leur donner un éclat digne
» des deux familles illustres qui vont s'allier;
» tes derniers succès ont fait naître la confiance;
» à la cour maintenant on croit en toi.

« J'avais connaissance de ton projet de tra-
« gédie en musique, j'en ai parlé à monsei-
« gneur; ton idée lui plaît. A l'œuvre donc,
« que ton rêve devienne une réalité. Écris ton
« drame lyrique et ne crains rien pour l'exécu-
« tion; les plus habiles chanteurs de Rome et
« de Milan seront mandés à Florence; les pre-
« miers virtuoses en tout genre seront mis à ta
« disposition; le prince est magnifique, il ne te
« refusera rien; réponds à ce que j'attends de
« toi, ton triomphe est certain et ta fortune est
« faite. »

Je ne sais ce qui se passa en moi à ce discours inattendu; mais je demeurai muet et immobile. L'étonnement, la joie me coupèrent la
parole, et je pris l'aspect et l'attitude d'un idiot.
Galeazzo ne se méprit pas sur la cause de mon
trouble, et me serrant la main : « Adieu, Al-
« fonso; tu consens, n'est ce pas? Tu me promets
« de laisser toute autre composition pour te li-
« vrer exclusivement à celle que son altesse te
« demande?... Songe que le mariage aura lieu
« dans trois mois! » Et comme je répondais toujours affirmativement par un signe de tête, sans

pouvoir parler : « Allons, calme-toi, Vésuve;
« adieu. Tu recevras demain ton engagement,
« il sera signé ce soir. C'est une affaire faite.
« Bon courage; nous comptons sur toi. »

Demeuré seul, il me sembla que toutes les cascades de Terni et de Tivoli bouillonnaient dans ma tête.

Ce fut bien pis quand j'eus compris mon bonheur, quand je me fus représenté de nouveau la grandeur et la beauté de ma tâche. Je m'élance sur mon libretto, qui jaunissait abandonné dans un coin depuis si longtemps; je revois Paulo, Francesca, Dante, Virgile, et les ombres et les damnés ; j'entends cet amour ravissant soupirer et se plaindre ; de tendres et gracieuses mélodies pleines d'abandon, de mélancolie, de chaste passion, se déroulent au-dedans de moi; l'horrible cri de haine de l'époux outragé retentit; je vois deux cadavres enlacés rouler à ses pieds ; puis je retrouve les ames toujours unies des deux amants, errantes et battues des vents aux profondeurs de l'abîme; leurs voix plaintives se mêlent au bruit sourd et lointain des fleuves infernaux, aux sifflements de la flamme, aux cris forcenés des malheureux qu'elle poursuit, à tout l'affreux concert des douleurs éternelles...

Pendant trois jours, Cellini, j'ai marché sans but, au hasard, dans un vertige continuel; pendant trois nuits j'ai été privé de sommeil. Ce n'est qu'après ce long accès de fièvre, que la pensée lucide et le sentiment de la réalité me sont revenus. Il m'a fallu tout ce temps de lutte ardente et désespérée pour dompter mon imagination et dominer mon sujet. Enfin je suis resté le maître.

Dans ce cadre immense, chaque partie du tableau, disposée dans un ordre simple et logique, s'est montrée peu à peu revêtue de couleurs sombres ou brillantes, de demi-teintes ou de tons tranchés ; les formes humaines ont apparu, ici pleines de vie, là sous le pâle et froid aspect de la mort. L'idée poétique, toujours soumise au sens musical, n'a jamais été pour lui un obstacle ; j'ai fortifié, embelli et agrandi l'une par l'autre.

Enfin j'ai fait ce que je voulais, comme je le voulais, et avec tant de facilité, qu'à la fin du deuxième mois l'ouvrage entier était déjà terminé.

Le besoin de repos se faisait sentir, je l'avoue ; mais en songeant à toutes les minutieuses précautions qui me restaient à prendre pour assurer l'exécution, la vigueur et la vigilance me sont revenues. J'ai surveillé les chanteurs, les musiciens, les copistes, les machinistes, les décorateurs.

Tout s'est fait en ordre, avec la plus étonnante précision ; et cette gigantesque machine musicale allait se mouvoir majestueusement, quand un coup inattendu est venu en briser les ressorts et anéantir à la fois, et la belle tentative, et les légitimes espérances de ton malheureux ami.

Le grand-duc, qui de son propre mouvement m'avait demandé ce drame en musique; lui qui m'avait fait abandonner l'autre composition sur laquelle je comptais pour populariser mon nom; lui dont les paroles dorées avaient gonflé un cœur, enflammé une imagination d'artiste, il se joue de tout cela maintenant; il dit à cette imagination de se refroidir, à ce cœur de se calmer ou de se briser; que lui importe! Il s'oppose, enfin, à l'exhibition de mon œuvre; l'ordre est donné aux artistes romains et milanais de retourner chez eux; mon drame ne sera pas mis en scène; le grand-duc n'en veut plus; IL A CHANGÉ D'IDÉE... La foule qui se pressait déjà à Florence, attirée moins encore par l'appareil des noces que par l'intérêt de curiosité que la fête musicale annoncée excitait dans toute l'Italie, cette foule avide de sensations nouvelles, trompée dans son attente, s'enquiert bientôt du motif qui la privait ainsi brutalement du spectacle qu'elle était venue chercher, et ne pouvant le découvrir, n'hésiste pas à l'attribuer à l'incapacité du compositeur. Chacun dit : « Ce fameux drame était absurde, sans doute; le grand-duc, informé à temps de la vérité, n'aura pas voulu que l'impuissante tentative d'un artiste ambitieux vînt jeter du ridicule sur la solennité qui se prépare. Ce ne peut être autre chose. Un prince ne manque pas ainsi à sa parole. Della Viola est toujours le même vaniteux extravagant que nous connaissons; son ouvrage n'était pas présentable, et par égard pour lui, on s'abstient de l'avouer. » O Cellini ! ô mon noble, et fier, et digne ami ! réfléchis un instant, et juge d'après toi-même ce que j'ai dû éprouver à cet incroyable abus de pouvoir, à cette violation inouïe des promesses les plus formelles, à cet horrible affront qu'il était impossible de redouter, à cette calomnie insolente d'une production que personne au monde, excepté moi, ne connaît encore.

Que faire ? que dire à cette tourbe de lâches imbéciles qui rient en me voyant ? que répondre aux questions de mes partisans ? à qui m'en prendre ? quel est l'auteur de cette machination diabolique ? et comment en avoir raison ? Cellini ! Cellini ! pourquoi es-tu en France ? que ne puis-je te voir, te demander conseil, aide et assistance ? Par Bacchus, ils me rendront réellement fou.... Lâcheté ! honte ! je viens de sentir des larmes dans mes yeux. Arrière toute faiblesse ; c'est la force, l'attention et le sang-froid qui me sont indispensables, au contraire ; car je veux me venger, Benvenuto, je le veux. Quand et comment, il n'importe; mais je me vengerai, je te le jure, et tu seras content. Adieu. L'éclat de tes nouveaux triomphes est venu jusqu'à nous; je t'en félicite et m'en réjouis de toute mon ame. Dieu veuille seulement que le roi François te laisse le temps de répondre à ton ami *souffrant et non vengé*.

Alfonso della Viola.

Paris. 20 août 155?.

BENVENUTO A ALFONSO.

J'admire, cher Alfonso, la candeur de ton indignation. La mienne est grande, sois-en bien convaincu; mais elle est plus calme. J'ai trop souvent rencontré de semblables déceptions pour m'étonner de celle que tu viens de subir. L'épreuve était rude, j'en conviens, pour ton jeune courage, et les révoltes de ton ame contre une insulte si grave et si peu méritée sont justes autant que naturelles. Mais, pauvre enfant, tu entres à peine dans la carrière. Ta vie retirée, tes méditations, tes travaux solitaires, ne pouvaient rien t'apprendre des intrigues qui s'agitent dans les hautes régions de l'art, ni du caractère réel des hommes puissants, trop souvent arbitres du sort des artistes.

Quelques évènements de mon histoire, que je t'ai laissé ignorer jusqu'ici, suffiront à t'éclairer sur notre position à tous et sur la tienne propre.

Je ne redoute rien pour ta constance de l'effet de mon récit; ton caractère me rassure; je le connais, je l'ai bien étudié. Tu persévèreras, tu arriveras au but malgré tout; tu es un homme de fer; et le caillou lancé contre ta tête par les basses passions embusquées sur ta route, loin de briser ton noble front, en fera jaillir le feu. Apprends donc tout ce que j'ai souffert, et que ces tristes exemples de l'injustice des grands te servent de leçon.

L'évêque de Salamanque, ambassadeur à Rome, m'avait demandé une grande aiguière, dont le travail, extrêmement minutieux et délicat, me prit plus de deux mois, et qui, en raison de l'énorme quantité de métaux précieux nécessaires à sa composition, m'avait presque ruiné. Son excellence se répandit en éloges sur le rare mérite de mon ouvrage, le fit emporter, et me laissa deux grands mois sans plus parler de paiement que si elle n'eût reçu de moi qu'une vieille casserole ou une médaille de Fioretti. Le bonheur voulut que le vase revînt entre mes mains pour une petite réparation ; je refusai de le rendre.

Le maudit prélat, après m'avoir accablé d'injures dignes d'un prêtre et d'un Espagnol, s'avisa de vouloir me soutirer un reçu de la somme qu'il me devait encore ; mais comme je ne suis pas homme à me laisser prendre à un piége aussi grossier, son excellence en vint à faire assaillir ma boutique par ses valets. Je me doutai du tour ; aussi quand cette canaille s'avança pour enfoncer ma porte, Ascanio, Paulino et moi, armés jusqu'aux dents, nous lui fîmes un tel accueil que le lendemain, grace à mon escopette et à mon long poignard, je fus enfin payé[1].

Plus tard il m'arriva bien pis, quand j'eus fait le célèbre bouton de la chappe du pape, travail merveilleux que je ne puis m'empêcher de te décrire. J'avais situé le gros diamant précisément au milieu de l'ouvrage, et j'avais placé Dieu assis dessus, dans une attitude si dégagée, qu'il n'embarrassait pas du tout le joyau, et qu'il en résultait une très belle harmonie ; il donnait la bénédiction en élevant la main droite. J'avais disposé, au-dessous, trois petits anges qui le soutenaient en élevant les bras en l'air. Un de ces anges, celui du milieu, était en ronde bosse, les deux autres en bas-relief. Il y avait à l'entour une quantité d'autres petits anges disposés avec

---

[1] Historique.

d'autres pierres fines. Dieu portait un manteau qui voltigeait, et d'où sortait un grand nombre de chérubins, et mille ornements d'un admirable effet.

Clément VII, plein d'enthousiasme quand il vit le bouton, me promit de me donner tout ce que je demanderais. La chose cependant en resta là ; et comme je refusais de faire un calice qu'il me demandait en outre, toujours sans donner d'argent, ce bon pape, devenu furieux comme une bête féroce, me fit loger en prison pendant six semaines. C'est tout ce que j'en ai jamais obtenu [1]. Il n'y avait pas un mois que j'étais en liberté quand je rencontrai Pompéo, ce misérable orfèvre qui avait l'insolence d'être jaloux de moi, et contre lequel, pendant longtemps, j'ai eu assez de peine à défendre ma pauvre vie. Je le méprisais trop pour le haïr ; mais il prit, en me voyant, un air railleur qui ne lui était pas ordinaire, et que, cette fois, aigri comme je l'étais, il me fut impossible de supporter. A mon premier mouvement pour le frapper au visage, la frayeur lui fit détourner la tête, et le coup de poignard porta précisément au-dessous de l'oreille. Je ne lui en donnai que deux ; car au premier il tomba mort dans ma main. Jamais mon intention n'avait été de le tuer, mais dans l'état

[1] Historique.

d'esprit où je me trouvais, est-on jamais sûr de ses coups ? Ainsi donc, après avoir subi un odieux emprisonnement, me voilà de plus obligé de prendre la fuite pour avoir, sous l'impulsion de la juste colère causée par la mauvaise foi et l'avarice d'un pape, écrasé un scorpion .

Paul III, qui m'accablait de commandes de toute espèce, ne me les payait pas mieux que son prédécesseur; seulement, pour mettre en apparence les torts de mon côté, il imagina un expédient digne de lui et vraiment atroce. Les ennemis que j'avais en grand nombre autour de sa sainteté, m'accusent un jour auprès d'elle d'avoir volé des bijoux à Clément. Paul III, sachant bien le contraire, feint cependant de me croire coupable, et me fait enfermer au château Saint-Ange ; dans ce fort que j'avais si bien défendu quelques années auparavant pendant le siége de Rome, sous ces remparts d'où j'avais tiré plus de coups de canon que tous les canonniers ensemble, et d'où j'avais, à la grande joie du pape, tué moi-même le connétable de Bourbon. Je viens à bout de m'échapper; j'arrive aux murailles extérieures ; suspendu à une corde au-dessus des fossés, j'invoque Dieu qui connaît la justice de ma cause; je lui crie, en me laissant tomber : « Aidez-moi donc, Seigneur, puis-

---

[1] Historique.

que je m'aide! » Dieu ne m'entend pas, et dans ma chute, je me brise une jambe. Exténué, mourant, couvert de sang, je parviens, en me traînant sur les mains et les genoux, jusqu'au palais de mon ami intime, le cardinal Cornaro. Cet infâme me livre traîtreusement au pape pour un évêché.

Paul me condamne à mort ; puis, comme s'il se repentait de terminer trop promptement mon supplice, il me fait plonger dans un cachot fétide tout rempli de tarentules et d'insectes venimeux, et ce n'est qu'au bout de six mois de ces tortures que, tout gorgé de vin, dans une nuit d'orgie, il accorda ma grâce à l'ambassadeur français [1].

Ce sont là, cher Alfonso, des souffrances terribles et des persécutions bien difficiles à supporter; ne t'imagine pas que la blessure faite récemment à ton amour-propre puisse t'en donner une juste idée. D'ailleurs, l'injure adressée à l'œuvre et au génie de l'artiste te semblât-elle plus pénible encore que l'outrage fait à sa personne, celle-là m'a-t-elle manqué, dis, à la cour de notre admirable grand-duc, quand j'ai fondu Persée? Tu n'as oublié, je pense, ni les surnoms grotesques dont on m'appelait, ni les insolents sonnets qu'on placardait chaque nuit à ma porte, ni les cabales au moyen desquelles on

[1] Historique.

sut persuader à Côme que mon nouveau procédé de fonte ne réussirait pas, et que c'était folie de me confier le métal. Ici même, à cette brillante cour de France où j'ai fait fortune, où je suis puissant et admiré, n'ai-je pas une lutte de tous les instants à soutenir, sinon avec mes rivaux (ils sont hors de combat aujourd'hui), au moins avec la favorite du roi, madame d'Étampes, qui m'a pris en haine, je ne sais pourquoi! Cette méchante chienne dit tout le mal possible de mes ouvrages[1]; cherche, par mille moyens, à me nuire dans l'esprit de Sa Majesté; et, en vérité, je commence à être si las de l'entendre aboyer sur ma trace, que, sans un grand ouvrage récemment entrepris, dont j'espère plus d'honneur que de tous mes précédents travaux, je serais déjà sur la route d'Italie.

Va, va, j'ai connu tous les genres de maux que le sort puisse infliger à l'artiste. Et je vis encore, cependant. Et ma vie glorieuse fait le tourment de mes ennemis. Et je l'avais prévu. Et maintenant je puis les abîmer dans mon mépris. Cette vengeance marche à pas lents, il est vrai; mais pour l'homme inspiré, sûr de lui-même, patient et fort, elle est certaine. Songe, Alfonso, que j'ai été insulté plus de mille fois, et que je n'ai tué que sept ou huit hommes; et quels

---

[1] Historique.

hommes! je rougis d'y penser. La vengeance directe et personnelle est un fruit rare, qu'il n'est pas donné à tous de cueillir. Je n'ai eu raison ni de Clément VII, ni de Paul III, ni de Cornaro, ni de Côme, ni de madame d'Étampes, ni de cent autres lâches puissants ; comment donc te vengerais-tu, toi, de ce même Côme, de ce grand-duc, de ce Mécène ridicule qui ne comprend pas plus ta musique que ma sculpture, et qui nous a si platement offensés tous les deux? Ne pense pas à le tuer, au moins ; ce serait une insigne folie, dont les conséquences ne sont pas douteuses. Deviens un grand musicien ; que ton nom soit illustre; et si quelque jour sa sotte vanité le portait à t'offrir ses faveurs, repousse-les ; n'accepte jamais rien de lui et ne fais jamais rien pour lui. C'est le conseil que je te donne; c'est la promesse que j'exige de toi ; et, crois-en mon expérience, c'est aussi, cette fois, l'unique vengeance qui soit à ta portée.

Je t'ai dit tout à l'heure que le roi de France, plus généreux et plus noble que nos souverains italiens, m'avait enrichi; c'est donc à moi, artiste, qui t'aime, te comprends et t'admire, à tenir la parole du prince sans esprit et sans cœur qui te méconnaît. Je t'envoie dix mille écus. Avec cette somme tu pourras, je pense, parvenir à monter dignement ton drame en musique; ne perds pas un instant. Que ce soit à Rome, à

Naples, à Milan, à Ferrare, partout, excepté à Florence ; il ne faut pas qu'un seul rayon de ta gloire puisse se réfléter sur le grand-duc. Adieu, cher enfant ; la vengeance est bien belle, et pour elle on peut être tenté de mourir ; — mais l'art est encore plus beau, et n'oublie jamais que, *malgré tout, il faut vivre pour lui.*

Ton ami,

Benvenuto Cellini.

Paris, 10 juin 1557.

BENVENUTO CELLINI A ALFONSO DELLA VIOLA.

Misérable! baladin! saltimbanque! cuistre! castrat! joueur de flûte[1]! C'était bien la peine de jeter tant de cris, de souffler tant de flammes, de tant parler d'offense et de vengeance, de rage et d'outrage, d'invoquer l'enfer et le ciel, pour arriver enfin à une aussi vulgaire conclusion! Ame basse et sans ressort! fallait-il proférer de telles menaces puisque ton ressentiment était de si frêle nature, que, deux ans à peine après

[1] On sait que Cellini professait une singulière aversion pour cet instrument.

avoir reçu l'insulte à la face, tu devais t'agenouiller lâchement pour baiser la main qui te l'infligea !

Quoi ! ni la parole que tu m'avais donnée, ni les regards de l'Europe aujourd'hui fixés sur toi, ni ta dignité d'homme et d'artiste, n'ont pu te garantir des séductions de cette cour, où règnent l'intrigue, l'avarice et la mauvaise foi ; de cette cour où tu fus honni, méprisé, et qui te chassa comme un valet infidèle ! Il est donc vrai ! tu composes pour le grand-duc ! Il s'agit même, dit-on, d'une œuvre plus vaste et plus hardie encore que celles que tu as produites jusqu'ici. L'Italie musicale tout entière doit prendre part à la fête. On dispose les jardins du palais Pitti ; cinq cents virtuoses habiles, réunis sous ta direction dans un vaste et beau pavillon décoré par Michel-Ange, verseront à flots ta splendide harmonie sur un peuple haletant, éperdu, enthousiasmé. C'est admirable ! Et tout cela pour le grand-duc, pour Florence, pour cet homme et cette ville qui t'ont si indignement traité. Oh ! quelle ridicule bonhomie était la mienne quand je cherchais à calmer ta puérile colère d'un jour ; oh ! la miraculeuse simplicité qui me faisait prêcher la continence à l'eunuque, la lenteur au colimaçon ! Sot que j'étais !

Mais quelle puissante passion a donc pu t'amener à ce degré d'abaissement ? La soif de l'or ?

Tu es plus riche que moi aujourd'hui. L'amour de la renommée ? Quel nom fut jamais plus populaire que celui d'Alfonso, depuis le prodigieux succès de ta tragédie de *Francesca*, et celui, non moins grand, des trois autres drames lyriques qui l'ont suivie. D'ailleurs, qui t'empêchait de choisir une autre capitale pour le théâtre de ton nouveau triomphe ? Aucun souverain ne t'eût refusé ce que le *grand* Côme vient de t'offrir. Partout, à présent, tes chants sont aimés et admirés ; ils retentissent d'un bout de l'Europe à l'autre ; on les entend à la ville, à la cour, à l'armée, à l'église ; le roi François ne cesse de les répéter ; madame d'Étampes, elle-même, trouve que *tu n'es pas sans talent pour un Italien*, justice égale t'est rendue en Espagne ; les femmes, les prêtres surtout, professent généralement pour ta musique un culte véritable ; et si ta fantaisie eût été de porter aux Romains l'ouvrage que tu prépares pour les Toscans, la joie du pape, des cardinaux et de toute la fourmilière *enrabattée* des monsignori n'eût été surpassée, sans doute, que par l'ivresse et les transports de leurs innombrables catins.

L'orgueil, peut-être, t'aura séduit..... quelque dignité bouffie... quelque titre bien vain... Je m'y perds.

Quoi qu'il en soit, retiens bien ceci : tu as manqué de noblesse, tu as manqué de fierté, tu as manqué de foi. L'homme, l'artiste et l'ami sont également déchus à mes yeux. Je ne saurais accorder mes affections qu'à des gens de cœur, incapables d'une action honteuse; tu n'es pas de ceux-là, mon amitié n'est plus à toi. Je t'ai donné de l'argent, tu as voulu me le rendre; nous sommes quittes. Je vais partir de Paris; dans un mois je passerai à Florence; oublie que tu m'as connu et ne cherche pas à me voir. Car, fût-ce le jour même de ton succès, devant le peuple, devant les princes, et devant l'assemblée bien autrement imposante pour moi de tes cinq cents artistes, si tu m'abordais, je te tournerais le dos.

Benvenuto Cellini.

Florence, 23 juin 1557.

ALFONSO A BENVENUTO.

Oui, Cellini, c'est vrai. Au grand-duc je dois une impardonnable humiliation, à toi je dois ma célébrité, ma fortune et peut-être ma vie. J'avais juré que je me vengerais de lui, je ne l'ai pas fait. Je t'avais promis solennellement de ne jamais accepter de sa main ni travaux, ni honneurs; je n'ai pas tenu parole. C'est à Ferrare que *Francesca* a été entendue (grace à toi) et applaudie pour la première fois; c'est à Florence qu'elle a été traitée d'ouvrage dénué de sens et de raison. Et cependant Ferrare, qui m'a demandé ma nouvelle composition, ne l'a point obtenue, et c'est au grand-duc que j'en fais hommage, Oui, les Toscans, jadis si dédaigneux à mon égard, se réjouissent de la préférence que je leur accorde ; ils en sont fiers ; leur fanatisme pour moi, dépasse de bien loin tout ce que tu me racontes de celui des Français.

Une véritable émigration se prépare dans la plupart des villes toscanes. Les Pisans et les Siennois eux-mêmes, oubliant leurs vieilles haines, implorent d'avance, pour le grand jour, l'hospitalité florentine. Côme, ravi du succès de celui qu'il appelle *son artiste,* fonde en outre de brillantes espérances sur les résultats que ce rapprochement de trois populations rivales peut avoir pour sa politique et son gouvernement. Il m'accable de prévenances et de flatteries. Il a donné hier, en mon honneur, une magnifique collation au palais Pitti, où toutes les familles nobles de la ville se trouvaient réunies. La belle comtesse de Vallombrosa m'a prodigué ses plus doux sourires. La grande-duchesse m'a fait l'honneur de chanter un madrigal avec moi. Della Viola est l'homme du jour, l'homme de Florence, l'homme du grand-duc ; il n'y a que lui...

Je suis bien coupable, n'est-ce pas, bien méprisable, bien vil ? Eh bien ! Cellini, si tu passes à Florence le 28 juillet prochain, attends-moi de huit à neuf heures du soir devant la porte du

Baptistaire, j'irai t'y chercher. Et si, dès les premiers mots, je ne me justifie pas complètement de tous les griefs que tu me reproches, si je ne te donne pas de ma conduite, une explication dont tu puisses de tout point t'avouer satisfait, alors redouble de mépris, traite-moi comme le dernier des hommes, foule-moi aux pieds, frappe-moi de ton fouet, crache-moi au visage, je reconnais d'avance que je l'aurai mérité. Jusque-là, garde-moi ton amitié ; tu verras bientôt que je n'en fus jamais plus digne.

» A toi,   Alfonso Della Viola. »

Le 28 juillet au soir, un homme de haute taille, à l'air sombre et mécontent, se dirigeait à travers les rues de Florence, vers la place du grand duc. Arrivé devant la statue en bronze de Persée, il s'arrêta et la considéra quelque temps dans le plus profond recueillement : c'était Benvenuto. Bien que la réponse et les protestations d'Alfonso eussent fait peu d'impression sur son esprit, il avait été longtemps uni au jeune compositeur, par une amitié trop sincère et trop vive, pour qu'elle pût ainsi en quelques jours s'effacer de son ame à tout jamais. Aussi ne s'était-il pas senti le courage de refuser d'entendre ce que Della Viola pouvait alléguer pour sa justification ;

et c'est en se rendant au Baptistaire, où Alfonso devait venir le rejoindre, que Cellini avait voulu revoir, après sa longue absence, le chef-d'œuvre qui lui coûta naguère tant de fatigues et de chagrins. La place et les rues adjacentes étaient désertes, le silence le plus profond régnait dans ce quartier, d'ordinaire si bruyant et si populeux. L'artiste contemplait son immortel ouvrage, en se demandant, si l'obscurité et une intelligence commune n'eussent pas été préférables pour lui, à la gloire et au génie.

— Que ne suis-je un bouvier de Nettuno ou de Porto d'Anzio! pensait-il; semblable aux animaux confiés à ma garde, je mènerais une existence grossière, monotone, mais inaccessible au moins, aux agitations qui, depuis mon enfance, ont tourmenté ma vie. Des rivaux perfides et jaloux..... des princes injustes ou ingrats..... des critiques acharnés.... des flatteurs imbéciles..... des alternatives incessantes de succès et de revers, de splendeur et de misère..... des travaux excessifs et toujours renaissants..... jamais de repos, de bien-être, de loisirs.... user son corps comme un mercenaire et sentir constamment son ame transir ou brûler..... est-ce là vivre?....

Les exclamations bruyantes de trois jeunes artisans, qui débouchaient rapidement sur la place, vinrent interrompre sa méditation.

— Six florins! disait l'un, c'est cher.

— En vérité, en eût-il demandé dix, répliqua l'autre, il eût bien fallu en passer par là. Ces maudits Pisans ont pris toutes les places. D'ailleurs, pense donc, Antonio, que la maison du jardinier n'est qu'à vingt pas du pavillon ; assis sur le toit, nous pourrons entendre et voir à merveille ; la porte du petit canal souterrain sera ouverte et nous arriverons sans difficulté.

— Bah ! ajouta le troisième, pour entendre ça, nous pouvons bien jeûner un peu pendant quelques semaines. Vous savez l'effet qu'a produit hier la répétition. La cour seule y avait été admise, le grand duc et sa suite n'ont cessé d'applaudir ; les exécutants ont porté Della Viola en triomphe, et enfin, dans son extase, la comtesse de Vallombrosa l'a embrassé : ce sera miraculeux.

— Mais voyez donc comme les rues sont dépeuplées ; toute la ville est déjà réunie au palais Pitti. C'est le moment. Courons ! courons !

Cellini apprit seulement alors qu'il s'agissait de la grande fête musicale, dont le jour et l'heure étaient arrivés. Cette circonstance ne s'accordait guère avec le choix, qu'avait fait Alfonso de cette soirée pour son rendez-vous. Comment, en un pareil moment, le maestro pourrait-il abandonner son orchestre et quitter le poste important où l'attachait un si grand intérêt ? c'était difficile à concevoir.

Le ciseleur, néanmoins se rendit au Baptistaire, où il trouva ses deux élèves Paolo et Ascanio, et des chevaux ; il devait partir le soir même pour Livourne, et de là s'embarquer pour Naples le lendemain.

Il attendait à peine depuis quelques minutes, quand Alfonso, le visage pâle et les yeux ardents, se présenta devant lui avec une sorte de calme affecté, qui ne lui était pas ordinaire.

— Cellini ! tu es venu, merci.

— Eh bien !

— C'est ce soir !

— Je le sais ; mais parle, j'attends l'explication que tu m'as promise.

— Le palais Pitti, les jardins, les cours, sont encombrés. La foule se presse sur les murs, dans les bassins à demi pleins d'eau, sur les toits, sur les arbres, partout.

— Je le sais.

— Les Pisans sont venus, les Siennois sont venus.

— Je le sais.

— Le grand duc, la cour et la noblesse sont réunis, l'immense orchestre est rassemblé.

— Je le sais.

— Mais la musique n'y est pas, cria Alfonso en bondissant, le maestro n'y est pas non plus, le sais-tu aussi ?

— Comment ? que veux-tu dire ?

LE PREMIER OPÉRA. 261

— Non, il n'y a pas de musique, je l'ai enlevée ; non, il n'y a pas de maestro, puisque me voilà ; non, il n'y aura pas de fête musicale, puisque l'œuvre et l'auteur ont disparu. Un billet vient d'avertir le grand duc que mon ouvrage ne serait pas exécuté. *Cela ne me convient plus*, lui ai-je écrit, en me servant de ses propres paroles, *moi aussi, à mon tour*, j'ai changé d'idée. Conçois-tu à présent la rage de ce peuple désappointé pour la seconde fois ! de ces gens qui ont quitté leur ville, laissé leurs travaux, dépensé leur argent pour entendre ma musique, et qui ne l'entendront pas ? Avant de venir te joindre, je les épiais, l'impatience commençait à les gagner, on s'en prenait au grand duc. Vois-tu mon plan, Cellini ?

— Je commence à comprendre.

— Viens, viens, approchons un peu du palais, allons voir éclater ma mine. Entends-tu déjà ces cris, ce tumulte, ces imprécations ? ô mes braves Pisans, je vous reconnais à vos injures ! Vois-tu voler ces pierres, ces branches d'arbres, ces débris de vases ? il n'y a que des Siennois pour les lancer ainsi ! Prends garde, ou nous allons être renversés ; comme ils courent ! ce sont des Florentins ; ils montent à l'assaut du pavillon. Bon ! voilà un bloc de boue dans la loge ducale, bien a pris au *grand* Côme de l'avoir quittée. A bas les gradins ! à bas les pupitres, les banquettes, les fenêtres ! à bas la loge! à bas le pavillon! le voilà qui s'écroule. Ils abîment tout, Cellini! c'est une magnifique émeute! honneur au grand duc!!! Ah damnation! tu me prenais pour un lâche! Es-tu satisfait, dis donc, est-ce là de la vengeance?

Cellini, les dents serrées, les narines ouvertes, regardait, sans répondre, le terrible spectacle de cette fureur populaire; ses yeux où brillait un feu sinistre, son front carré que sillonnaient de larges gouttes de sueur, le tremblement presque imperceptible de ses membres, témoignaient assez de la sauvage intensité de sa 'joie. Saisissant enfin le bras d'Alfonso :

— Je pars à l'instant pour Naples, veux-tu me suivre ?

— Au bout du monde à présent.

— Embrasse-moi donc, et à cheval! tu es un héros.

DU SYSTÈME DE GLUCK

EN MUSIQUE DRAMATIQUE.

Voici en quels termes, Gluck expose lui-même, son système de musique dramatique, dans la préface, devenue fort rare, de l'*Alceste* italienne qu'il publia à Vienne en 1749.

« Lorsque j'entrepris de mettre en musique l'opéra d'*Alceste,* je me proposai d'éviter tous les abus que la vanité mal entendue des chanteurs, et l'excessive complaisance des compositeurs avaient introduits dans l'opéra italien, et qui, du plus pompeux et du plus beau de tous les spectacles, en avaient fait le plus ennuyeux et le plus ridicule ; je cherchai à réduire la musique à sa véritable fonction, celle de seconder la poésie pour fortifier l'expression des sentiments et l'intérêt des situations, sans interrompre l'action et la refroidir par des ornements superflus ; je crus que *la musique devait ajouter à la poésie, ce qu'ajoute à un dessin correct et bien composé, la vivacité des couleurs et l'accord heureux des lumières et des ombres, qui servent à animer les figures sans en altérer les contours.*

» Je me suis donc bien gardé d'interrompre un acteur, dans la chaleur du dialogue, pour lui faire attendre la fin d'une ritournelle, ou de l'arrêter au milieu de son discours sur une voyelle favorable, soit pour déployer, dans un long passage, l'agilité de sa belle voix, soit pour attendre que l'orchestre lui donnât le temps de reprendre haleine, pour faire un point d'orgue.

» J'ai imaginé que l'ouverture devait prévenir les spectateurs, sur le caractère de l'action qu'on allait mettre sous leurs yeux, et *leur en indiquer le sujet,* que les instruments ne devaient être mis en action qu'en proportion du degré d'intérêt et passions, et qu'il fallait *éviter surtout de laisser dans le dialogue, une disparate trop tranchante entre l'air et le récitatif,* afin de ne pas tronquer à contre-sens la période, et de ne pas interrompre mal à propos le mouvement et la chaleur de la scène. J'ai cru encore que la plus belle partie de mon travail devait se réduire à chercher une belle simplicité, et j'ai évité de faire parade de difficultés aux dépens de la clarté ; *je n'ai attaché aucun prix à la découverte d'une nouveauté*, à moins qu'elle ne fût naturellement donnée par la situation, et liée à l'expression ; enfin il n'y a aucune règle que je n'aie cru devoir sacrifier de bonne grace en faveur de l'effet. »

Cette profession de foi nous paraît admirable de franchise et de bon sens ; les points de doctrine qui en forment le fond sont basés sur le raisonnement le plus rigoureux, et sur un profond sentiment de la vraie musique dramatique. A part quelques conséquences outrées que nous signalerons tout à l'heure, ces principes sont d'une telle excellence, qu'ils ont été adoptés par la plupart des grands compositeurs de toutes les nations. Piccini lui-même, qu'on opposa si longtemps à Gluck, était tout entier dans le système gluckiste. Son Iphigénie en Tauride et sa Didon, le prouvent bien ; il en fut de même de Sacchini, de Salieri, de Cherubini, parmi les Italiens ; de Méhul, de Berton, de Kreutzer, parmi les Français. (Je ne cite pas M. Lesueur, il a suivi une route parallèle, il est vrai, à celle de l'illustre auteur d'Alceste, mais qui en diffère cependant assez pour ne pouvoir être confondue avec elle.) Chez les Allemands, je ne connais pas de compositeur dramatique qui se soit écarté d'une manière sensible de la doctrine de Gluck; parmi ceux qui l'ont adoptée et développée, il faut citer :

Mozart qui, dans *Don Juan, le Mariage de Figaro, la Flûte Enchantée* et *l'Enlèvement du Sérail*, n'a laissé échapper quelques rares vocalisations de mauvais goût et d'une expression fausse, que lorsqu'il y a été contraint de vive force par le caprice souvent irrésistible des chanteurs. On a dit que Mozart avait beaucoup emprunté à l'ancienne école italienne, le fait peut être vrai pour la coupe de quelques-uns de ses airs, encore la beauté raphaëlesque de son dessin mélodique, la variété de son harmonie et son instrumentation si riche et si savante, ne permettent-elles guère d'apercevoir ces prétendus emprunts; mais quant à l'ordonnance générale du drame musical, à la profondeur d'expression avec laquelle chaque caractère est tracé et soutenu, il faut bien reconnaître qu'il a suivi et accéléré le mouvement imprimé à l'art, de ce côté, par la puissance du génie de Gluck.

Il en fut ainsi de Beethoven et de Weber. Tous les deux ont également appliqué au développement des facultés spéciales que la nature leur avait départies, le code simple et lumineux de l'Eschyle de la musique. A présent, Gluck, en promulguant ces lois, dont le moindre sentiment de l'art ou même le simple bon sens démontre la justesse et l'évidence, n'en a-t-il pas un peu exagéré l'application? C'est ce qu'il est impossible de méconnaître après un examen impartial.

Ainsi, quand il dit que la musique d'un drame lyrique n'a d'autre but que d'ajouter à la poésie ce qu'ajoute le coloris au dessin, je crois qu'il se trompe essentiellement. La tâche du compositeur dans un opéra est, ce me semble, d'une bien autre importance. Son œuvre contient à la fois le dessin et le coloris, et, pour continuer la comparaison de Gluck, les paroles sont le *sujet du tableau*, à peine quelque chose de plus. Il importe beaucoup, il est vrai, de les entendre, ou tout au moins de les connaître, par la même raison qu'on doit absolument avoir présent à la pensée le trait d'histoire reproduit sur la toile par le peintre, pour pouvoir juger du mérite de vérité et d'expression avec lequel il a fait revivre ses personnages. Mais Gluck, en plaçant le dessin dans les paroles, et seulement le coloris dans la musique, met bien haut les auteurs de *libretti;* il eût donc consenti à voir son égal dans le bailli Du Rollet. Certes, on ne saurait pousser plus loin la modestie, et je doute fort qu'il se fût accommodé d'une pareille confraternité. D'ailleurs, l'expression n'est pas le seul but de la musique dramatique; il serait aussi maladroit que pédantesque de dédaigner le plaisir purement sensuel que nous trouvons à certains effets de mélodie, d'harmonie, de rhythme ou d'instrumentation, indépendamment de tous leurs rapports avec la peinture des sentiments et des passions du drame.

Et de plus, voulût-on même priver l'auditeur de cette source de jouissances, et ne pas lui permettre de raviver son attention en la détournant un instant du sujet principal, il y aurait encore à citer bon nombre de cas, où le compositeur est appelé à soutenir seul le poids de l'intérêt scénique. Dans les danses de caractère, par exemple, dans les pantomimes, dans les marches, dans tous les morceaux enfin dont la musique instrumentale fait seule les frais, et qui, par conséquent, n'ont pas de paroles, que devient alors l'importance du poète ?... La musique doit bien là contenir forcément à la fois le dessin et le coloris. Non, on ne saurait méconnaître l'erreur de Gluck sur ce point, erreur qu'on concevrait à peine, si l'on ne savait qu'à l'époque où il écrivit, beaucoup de gens encore, comme au siècle de Louis XIV,

« Allaient voir l'Opéra seulement pour les vers. »

Cette opinion ne pouvait manquer d'exercer une fâcheuse influence sur le génie puissant qui l'adopta sans en calculer les conséquences. Elle cache un piége dangereux dont il ne sut pas toujours se garantir. Aucun musicien n'a été plus que lui doué d'un charme pénétrant, d'une simplicité noble et gracieuse dans la mélodie ; on n'a pas surpassé l'élégance de plusieurs de ses chants, la fraîcheur de ses chœurs et la charmante *desinvoltura* de ses airs de danse ; il serait fastidieux de le prouver par des citations. La joie de ses femmes est d'une pudeur ravissante, et leur douleur, dans ses plus violents paroxismes, conserve encore la beauté des formes antiques ; quoi qu'en ait dit le marquis de Caracioli, ce mauvais diseur de bons mots, ce dilettante poudré du siècle dernier, qui jugeait la musique absolument comme le font aujourd'hui les adorateurs parfumés des Dive à la mode, l'Alceste et les deux Iphigénie sont toujours, même dans les larmes, belles comme la Niobé.

Eh bien ! il est arrivé fréquemment à Gluck de se laisser préocuper tellement de la recherche de l'expression, qu'il oubliait la mélodie. Dans quelques-uns de ses airs, après l'exposition du thème, le chant tourne au récitatif mesuré ; c'est un bon récitatif, je suis loin d'en disconvenir ; mais enfin, par le peu d'intérêt mélodique comme par le style de la partie vocale, il semble alors que l'air soit interrompu jusqu'à la rentrée du motif. Gluck ne voyait probablement pas là un défaut ; il déclare au contraire formellement, dans la préface que nous commentons, qu'il a cherché à éviter une disparate trop tranchante entre les récitatifs et les airs. Aucun de ses disciples, Salieri excepté, n'a cru devoir adopter cette règle ; il est certain que son application a répandu sur plusieurs parties des œuvres du grand tragique une teinte uniforme et monotone qui accable l'attention la plus robuste, fatigue inutilement le système nerveux de l'auditeur, émousse à la longue sa sensibilité, et a plus fait contre Gluck que les pointes et les pamphlets des Caracioli, Marmontel et autres bouffons. La musique ne vit que de contrastes, rien n'est plus évident ; tous les efforts de l'art moderne tendent à en produire de nouveaux : non que je veuille proposer pour modèles certains effets d'orchestre d'une école célèbre dont la brusque violence vient surprendre l'auditeur, à peu près comme pourrait le faire un coup de pistolet tiré à l'improviste à son oreille ; de pareils contrastes, qui arrachent des cris d'effroi aux personnes nerveuses, pourraient être regardés comme des farces d'écoliers, s'ils n'étaient de véritables actes d'une brutalité absurde. Mais il est bien reconnu, aujourd'hui, qu'une variété sagement ordonnée est l'ame de la musique ; c'est à donner au compositeur tous les moyens d'obtenir cette variété précieuse que consiste le principal talent des habiles faiseurs de libretti. Il n'ont garde de placer près l'un de l'autre deux morceaux du même caractère ; ils évitent autant que possible de faire succéder un air à un autre air, un duo à un duo, un chœur à un chœur. Ainsi dans l'ancienne coupe symphonique, un allegro moderato était suivi d'un andante à deux-quatre ou à six-huit; à l'andante succédait le menuet, allegretto à trois temps; à celui-ci le final à deux temps très animé ; et c'était très bien vu.

Chercher à effacer la différence qui sépare, dans un opéra, le récitatif du chant, c'est donc vouloir, en dépit de la raison et de l'expérience, se priver, sans compensation réelle, d'une source de variété qui découle de la nature même de ce genre de composition. Mozart fut si loin de partager à cet égard l'opinion de Gluck, que, pour rendre la ligne de démarcation encore plus tranchée, il voulut que le récitatif de *don Juan* fût accompagné au piano, en exceptant toutefois le récitatif obligé, où la force des situations rend indispensable la présence de l'orchestre. Dans une vaste salle comme celle du grand Opéra de Paris, l'effet du piano est si mesquin et si maigre, que ce mode d'accompagnement a été complètement abandonné. Il peut paraître préférable, cependant, à celui que Gluck a constamment mis en usage dans le même cas, et qui consiste en accords à quatre parties, tenus sans interruption par la masse entière des instruments à cordes, pendant toute la durée du dialogue musical. Cette harmonie stagnante produit sur les organes, un effet de torpeur et d'engourdissement irrésistible, et finit par plonger l'auditeur dans une lourde somnolence qui le rend complètement indifférent aux plus rares efforts du compositeur pour l'émouvoir. Il était vraiment impossible de trouver quelque chose de plus antipathique à des Français, que ce long et obstiné bourdonnement; il ne faut donc pas s'étonner qu'il soit arrivé au plus grand nombre d'entre eux d'éprouver aux représentations de Gluck autant d'ennui que d'admiration. Ce qui doit surprendre, c'est que le génie puisse s'abuser ainsi sur l'importance des accessoires, au point de se servir de moyens qu'un instant de réflexion lui ferait rejeter comme insuffisants ou dangereux, et dans lesquels réside la cause obscure des mécomptes cruels, que ses productions les plus magnifiques lui font trop souvent essuyer.

Si l'on excepte quelques-unes de ces brillantes sonates d'orchestre, où le génie de Rossini se joue avec tant de grace, il est certain que la plupart des compilations instrumentales, honorées par les Italiens du nom d'ouvertures, sont de grotesques non sens. Mais combien ne devaient-elles pas être plus plaisantes, il y a soixante ans, quand Gluck lui-même, entraîné par l'exemple, ne craignait pas de laisser tomber de sa plume l'incroyable niaiserie intitulée *ouverture d'Orphée!* Ce ne fut qu'après bien des réflexions et bien des entretiens avec son poète Calsabigi, l'homme du monde le mieux fait pour le comprendre, qu'il reconnut enfin que l'ouverture devait être un morceau important dans un opéra, se rattacher à l'action et en désigner le caractère. De là le changement radical qu'on remarque dans sa manière, à dater de l'ouverture d'*Alceste*; de là les belles compositions instrumentales dont il fit précéder ses deux *Iphigénie*; de là l'impulsion qui produisit plus tard tant de chefs-d'œuvre symphoniques, qui, malgré la chûte ou l'oubli profond des opéras pour lesquels ils furent écrits, sont restés debout, péristyles superbes de temples écroulés. Mais, ici encore, en outrant une idée juste, Gluck est sorti du vrai; non pas cette fois pour restreindre le pouvoir de la musique, mais pour lui en attribuer un, au contraire, qu'elle ne possèdera jamais : c'est quand il dit que l'ouverture doit indiquer le sujet de la pièce. L'expression musicale ne saurait aller jusque là ; elle reproduira bien la joie, la douleur, la gravité, l'enjouement et des nuances même fort délicates de chacun des nombreux caractères qui constituent son riche domaine; elle établira une différence saillante entre la joie d'un peuple pasteur et celle d'une nation guerrière, entre la douleur d'une reine et le chagrin d'une simple villageoise, entre une méditation sérieuse et calme et les ardentes rêveries qui précèdent l'éclat des passions. Empruntant ensuite aux différents peuples, et même aux individualités sociales, le style musical qui leur est propre, il est bien évident, quoi qu'en aient dit certains critiques, dont je reconnais d'ailleurs le mérite, qu'elle pourra distinguer le chant d'un montagnard de celui d'un habitant des plaines, la sérénade d'un brigand des Abbruzzes de celle d'un chasseur écossais ou tyrolien, la marche nocturne de pèlerins aux habitudes mystiques, de celle d'une troupe de marchands de bœufs revenant de la foire; elle pourra aller jusqu'à représenter l'extrême brutalité, la trivialité, le grotesque, par opposition avec la pureté angélique, la noblesse et la candeur. Mais si elle veut sortir de ce cercle immense, la musique devra, de toute nécessité, avoir recours à la parole chantée, récitée ou lue, pour combler les lacunes qu'elle laisse dans une œuvre dont le plan s'adresse en même temps à l'esprit et à l'imagination. Ainsi, l'ouverture d'*Alceste* annoncera des scènes de désolation et de tendresse, mais elle ne saurait dire ni l'objet de cette tendresse, ni les causes de cette désolation; elle n'apprendra jamais au spectateur, que l'époux d'Alceste est un roi de Thessalie, condamné par les dieux à perdre la vie, si quelqu'autre au trépas ne se dévoue pour lui; c'est là cependant *le sujet de la pièce*. Peut-être s'étonnera-t-on de trouver l'auteur de cet écrit imbu de tels principes, grace à certaines gens qui ont feint de le croire, dans ses opinions sur la puissance expressive de la musique, aussi loin au-delà du vrai qu'ils le sont en deçà, et lui ont, en conséquence, prêté généreusement leur part entière de ridicule. Ceci soit dit, sans rancune, en passant.

La troisième proposition que je me suis permis de souligner dans la préface de Gluck, et dans laquelle il déclare n'attacher aucun prix à la découverte d'une nouveauté, me paraît également d'une justification difficile. On avait déjà barbouillé furieusement de papier réglé en 1749, et une découverte musicale quelconque, ne fût-elle qu'indirectement liée à l'expression scénique, ne devait pas paraître à dédaigner.

Pour toutes les autres, je crois qu'on ne saurait les combattre avec chance de succès, voire même la dernière qui annonce une indifférence pour les règles, que bien des professeurs trouveraient blasphématoire et impie. Heureusement, ces messieurs n'ont jamais lu la préface d'*Alceste;* ils ne savent peut-être pas même qu'elle existe, sans quoi la gloire de Gluck courrait un terrible danger.

LES DEUX ALCESTE DE GLUCK.

Alceste fut d'abord écrite en langue italienne ;
je crois l'avoir déjà dit. Plusieurs années après
sa publication, elle fut traduite et modifiée pour
la scène française. Le bailli Du Rollet, le grand
arrangeur de l'époque, chargé de déranger l'ordonnance du drame de Calsabigi, ne manqua
pas d'accommoder la musique de Gluck suivant
les exigences de *sa poésie*. Bien que ce travail
ait été fait sous les yeux du compositeur, il en
est résulté cependant, en certains endroits, de
notables dommages pour la partition ; en d'autres, il a nécessité des morceaux qui n'existaient
pas dans l'opéra italien, et qui remplacent, sans
toujours les faire oublier, ceux dont le nouveau
plan dramatique amenait la suppression. L'idée

de la pièce de Calsabigi, aussi simple que raisonnable, n'exigeait en aucune façon les bouleversements que l'arrangeur français a cru devoir lui faire subir, et qui n'ont pu parvenir cependant à en pallier le défaut capital, la monotonie. — Admète, roi de Phères, en Thessalie, et époux d'Alceste, étant sur le point de mourir, Apollon qui, pendant son exil du ciel avait reçu de lui l'hospitalité, obtient des Parques qu'il vivra, si quelqu'un se présente pour mourir à sa place. Alceste se dévoue et meurt. Mais Apollon, ému à la fois de reconnaissance et de pitié, arrache Alceste à la mort.

Dans la tragédie d'*Euripide*, d'où l'opéra italien est tiré, c'est Hercule qui, en passant à Phères, et témoin de la douleur du roi, lui ramène des portes des enfers sa magnanime épouse. Le bailli Du Rollet a cru faire un coup de maître en rétablissant l'idée première du poète grec que Calsabigi avait repoussée comme inutile et n'étant plus dans nos mœurs. Ce dénouement, en effet, a le défaut de nécessiter une double intervention des Dieux, puisque, dans le premier acte, Apollon déjà obtient des Parques que le roi puisse être sauvé par la mort volontaire d'un autre. Il était donc naturel et conséquent d'attribuer à la reconnaissance de ce Dieu le prodige qui rend Alceste à la vie. En outre, Hercule chassant à grands coups de massue les ombres et les divinités infernales dont Alceste est entourée, pouvait se tolérer sur les théâtres antiques, grace à l'éloignement des acteurs et aux croyances religieuses des spectateurs ; pour nous une pareille scène est parfaitement ridicule. Il est probable que Gluck était de cet avis ; jamais il ne voulut consentir à donner une importance musicale à ce nouveau rôle qu'on lui imposait. Le fait est constaté, mais ne le fût-il pas, la trivialité d'une partie de l'air intercallé pour le vaillant Alcide au troisième acte suffirait pour le prouver [1]. Du Rollet, en même temps qu'il introduisait un nouveau personnage, en supprimait trois autres, assez inutiles, à la vérité. Ce sont les deux enfants d'Alceste (ils figurent bien encore aujourd'hui dans l'opéra, mais ils n'y chantent pas), et sa confidente Ismène.

La comparaison des deux partitions et l'examen des altérations que le texte musical primitif a subies, en passant dans la langue française, nous ont semblé pouvoir être le sujet d'études intéressantes pour les artistes, comme pour les amateurs auxquels, malgré les progrès incontestables de plusieurs branches de l'art, les œuvres du père de la tragédie lyrique sont restées chères et vénérables.

L'ouverture ne produirait probablement au-

---

[1] Cet air n'est pas de Gluck.

cun effet aujourd'hui. Elle contient une foule d'accents pathétiques et touchants, mais, en général, la couleur sombre y domine trop, et l'instrumentation ne peut que nous paraître sourde et flasque, bien qu'elle soit plus chargée que les autres compositions instrumentales de Gluck. Les trombones y figurent dès le commencement; les trompettes, les clarinettes et les timbales seules, en sont exclues. Il est bon de dire, à ce sujet, que par une singularité dont nous ne connaissons aucun autre exemple, il n'y a pas une note de timbales durant tout le cours de l'opéra. Dans la partition française, l'auteur a ajouté des clarinettes *à l'unisson des hautbois*, ne faisant ainsi que renforcer le son de cet instrument, de manière à détruire toute proportion entre cette partie ainsi doublée et celle des flûtes, et sans tirer aucun parti spécial, pour les chants, l'harmonie, ou l'expression, de la plus pure de toutes les voix de l'orchestre. Cette disposition défectueuse indique une négligence que nous aurons plus d'une fois occasion de reprocher à l'auteur.

La principale cause du peu d'éclat de l'orchestre de Gluck en général, tient à l'emploi constant des instruments aigus dans le médium; défaut rendu plus sensible par l'excessive rudesse des basses écrites fréquemment dans le haut et dominant, par conséquent, outre mesure le reste de la masse harmonique. Je crois qu'on pourrait trouver aisément la raison de ce système, qui ne fut pas, du reste, exclusivement le partage de Gluck, dans la faiblesse des exécutants de ce temps-là ; faiblesse telle, que l'*ut* au dessus des portées faisait trembler les violons, le sol aigu les flûtes et le *ré* les hautbois. D'un autre côté les violoncelles paraissant (comme aujourd'hui encore en Italie) un instrument de luxe dont on tâchait de se passer, les contre-basses demeuraient chargées presque exclusivement de la partie grave ; de sorte que si le compositeur avait besoin de serrer son harmonie, il devait nécessairement, vu l'impossibilité de faire assez entendre les violoncelles, et l'extrême gravité du son des contre-basses, écrire cette partie très haut afin de la rapprocher davantage des violons. Depuis lors, on a senti en France et en Allemagne l'absurdité de cet usage, les violoncelles ont été introduits dans l'orchestre, en nombre supérieur à celui des contre-basses ; d'où il suit que les basses de Gluck se trouvent aujourd'hui placées dans des circonstances essentiellement différentes de celles qui existaient de son temps et qu'il ne faut pas lui reprocher l'exubérance qu'elles ont acquises malgré lui aux dépens du reste de l'orchestre.

A cette époque, la clarinette était peu cultivée en Italie ; ce bel instrument, si fécond en ressources, paraît nous être venu, avec beaucoup d'autres, de l'Allemagne. Les trompettes devaient également être fort mauvaises si l'on en juge par celles qu'on entend encore aujourd'hui dans les premiers théâtres italiens. La plupart des exécutants ne sauraient même faire sortir tous les sons qui composent leur échelle déjà si bornée; ils soutiennent, par exemple, que le *si bémol* du milieu n'existe pas; en conséquence, quand on a le malheur d'écrire pour eux, il est inutile d'employer cette note, ces messieurs ne chercheront pas même à l'exécuter, et se moqueront de vous si vous leur dites qu'il n'y a pas de trompette en France, en Allemagne ou en Angleterre, qui ne donne le *si bémol* avec la plus grande facilité. Il est donc extrêmement probable que si Gluck avait eu à sa disposition les magnifiques orchestres qu'on possède actuellement en cinq ou six endroits de l'Europe, tels que le Conservatoire et le grand Opéra de Paris, la société Philharmonique de Londres, l'Opéra de Vienne, de Berlin, de Dresde et de Munich, son instrumentation serait fort différente. Aussi ne la jugerons-nous jamais sans tenir compte de l'état d'enfance où languissait alors cette partie de l'art.

L'ouverture d'*Alceste*, ainsi que celles d'*Iphigénie* et de *Don Giovianni*, ne finit pas complètement avant le lever de toile; elle se lie au premier morceau de l'Opéra par un enchaînement harmonique au moyen duquel la cadence se trouve suspendue indéfiniment. Je ne vois pas trop, malgré l'emploi qu'en ont fait Gluck et Mozart, quel peut être l'avantage de cette forme inachevée pour les ouvertures. L'auditeur, désappointé de se voir privé de la conclusion du drame instrumental, en éprouve un moment de malaise aussi fatal à ce qui précède qu'à ce qui suit ; l'opéra n'y gagne rien et l'ouverture y perd beaucoup. Aussi, cette coupe systématique ne s'est-elle plus reproduite nulle part, si ce n'est dans quelques fragments qu'on ne saurait considérer comme de véritables ouvertures et dont la sublime introduction de *Robert-le-Diable* sera éternellement le modèle.

Au lever de la toile, le chœur entrant sur l'accord de septième diminuée, *sol dièze, si, ré, fa*, qui rompt la cadence harmonique de l'orchestre, s'écrie : « Dieux, rendez-nous notre roi, notre père ! » Cette exclamation nous fournit dès la première mesure le sujet d'une observation applicable au tissu vocal de tous les autres chœurs de Gluck.

On sait que la classification naturelle de la voix humaine est celle-ci : *soprano* et *contralto* pour les femmes ; *tenor* et *basse* pour les hommes ; les voix féminines se trouvant à l'octave supérieure des voix masculines, et dans le même rapport, le *contralto* dont le timbre est d'une quinte plus bas que le *soprano*, est donc à celui-ci exactement comme la *basse* est au *ténor*. Les anciens compositeurs français, soit à cause de la rareté des *contralti*, soit pour tout autre motif, ayant au contraire divisé les voix d'hommes en trois classes, et réduit les voix de femmes aux *soprani* seulement, remplaçaient le *contralto* par cette voix criarde, forcée et toute française qu'ils appelaient haute-contre, et qui n'est à tout prendre qu'un premier *ténor*. Gluck, en arrivant à Paris, se vit forcé d'abandonner l'excellente disposition chorale adoptée en Italie et en Allemagne, pour se conformer à l'usage déraisonnable et ridicule de l'opéra français. Il eut soin de n'employer la haute-contre que comme une voix bâtarde, n'ayant au plus qu'une octave d'étendue, incapable de monter comme le *contralto* ou de descendre comme le *ténor*, et destinée à compléter l'harmonie en se tenant constamment dans les six notes hautes *ré, mi, fa, sol, la, si*. Mais pour son Alceste italienne, écrite dans un tout autre système, il fallut mutiler en maint endroit les parties de *contralto*, et les renverser souvent à l'octave inférieure pour pouvoir conserver les chœurs et les faire exécuter en France. Toutefois, ces renversements au grave ne pouvant manquer d'occasionner plus ou moins de désordre dans l'harmonie, on conçoit qu'il ne les ait employés que lorsque la trop grande élévation de la partie de *contralto* l'y forçait absolument. Il a dû laisser, au contraire, tous les *la, si bémols* et *si naturels,* qui ne pouvaient manquer d'abonder comme notes mitoyennes du contralto et constituaient alors une partie de haute-contre presque toujours écrite dans les trois sons les plus élevés de son échelle.

Le premier récitatif du héraut : *Popoli che dolenti* (Peuple, écoutez)[1], ne me semble pas d'une bien grande originalité; le mode d'accompagnement en accords soutenus à quatre parties par tous les instruments à cordes, dont nous avons signalé les inconvénients dans un précédent article, est mis en usage ici, d'autant plus mal à propos que les desseins d'orchestre de l'ouverture sont peu saillants, et que les deux chœurs suivants sont également accompagnés en harmonie plaquée note contre note, ce qui, en raison, de la lenteur de mouvement de ces deux morceaux, leur donne une fâcheuse ressemblance avec le récitatif, et répand sur toute la première scène une grande monotonie.

Le premier chœur *Ah! di questo afflitto regno!* (O dieux! qu'allons-nous devenir?) a gagné à sa seconde édition; l'*andante* est beaucoup trop développé en italien, et doit paraître d'autant plus traînant qu'il se répète plusieurs fois; au

---

[1] Nous désignerons ainsi par les premières paroles dans les deux langues, les morceaux qui existent dans les deux partitions.

contraire, l'*allegro* qui le termine, est incomparablement mieux écrit pour les voix dans l'original que dans la traduction. Au lieu de l'entrée nasillarde des hautes-contre sur le vers : « Non, jamais le courroux céleste, » ce sont les *soprani* qui attaquent le thème (à l'octave supérieure par conséquent) avec les mots : *Ah! per noi del ciel lo sdegno.* Cette *coda* agitée est d'un bel effet, mais assez difficile, à cause de la rapidité du débit des paroles, et d'une foule de *grupetti*, dont les notes vocalisées de deux en deux, d'après une habitude favorite de Gluck, présenteraient l'ensemble le plus disgracieux, si une exécution nette et agile n'en faisait disparaître la défectuosité. Le chœur dialogué de droite à gauche : *Misero Admeto!* (O malheureux Admète!) a l'inconvénient d'être absolument de la même couleur, du même style rhythmique, et aussi dépourvu de dessins intéressants, que l'*andante* qui forme la première partie du précédent. A la réunion des deux masses vocales sur les paroles: *Di duol, di lagrime et di pietà*, les trois voix inférieures étaient doublées par des trombonnes qui ont été supprimés dans l'opéra français.

Mais nous voici à l'entrée d'Alceste. Son récitatif *Popoli di Tessaglia* est un des exemples clair-semés que présentent les partitions italiennes de Gluck, du dialogue accompagné d'une simple basse, à laquelle probablement se joignaient les accords du *cembalo* (clavecin); système dont on ne trouve pas de trace dans ses opéras français. Ce récitatif me semble peu remarquable. Le monologue français qui le remplace, *Sujets du roi le plus aimé*, est au contraire d'une profonde expression, l'ame tout entière de la jeune reine s'y dévoile en quelques mesures. L'air sublime *Io non chiedo eterni dei*, (Grands dieux ! du destin qui m'accable), présente pour la diction des paroles, l'enchaînement des phrases mélodiques et l'art de ménager la force des accents jusqu'à l'explosion finale, des difficultés énormes, dont les jeunes cantatrices ne se doutent pas, mais qu'elles devront méditer et travailler avec soin si jamais elles abordent ce rôle si éloigné de leurs habitudes musicales. La troisième scène s'ouvre dans le temple d'Apollon. Entrent le grand-prêtre, les sacrificateurs avec les encensoirs et les instruments du sacrifice, ensuite Alceste conduisant ses enfants, les courtisans, le peuple. Ici Gluck a fait de la couleur locale s'il en fut jamais, c'est la Grèce antique qu'il nous révèle dans toute sa majestueuse et belle simplicité. Ecoutez ce morceau instrumental (*Aria di pantomimo*) sur lequel entre le cortége; entendez (si les parleurs impitoyables de l'Opéra vous le permettent) cette mélodie douce, voilée, calme, résignée, cette pure harmonie, ce rhythme à peine sensible des basses, dont les mouvements onduleux se dérobent sous l'orchestre, comme les pieds des prêtresses sous leurs blanches tuniques ; prêtez l'oreille à la voix insolite de ces flûtes dans le grave [1], à ces enlacements des deux parties de violons dialoguant le chant, et dites s'il y a en musique quelque chose de plus beau, dans le sens antique du mot, que cette marche religieuse. La cérémonie commence par une prière dont le grand-prêtre seul a prononcé d'un ton solennel les premiers mots : *Dilegua il nero turbine* (Dieu puissant écarte du trône), entrecoupés de trois larges accords d'ut pris à demi voix, puis enflé jusqu'au *fortissimo*, par les instruments de cuivre. Rien de plus imposant que ce dialogue entre la voix du pontife et cette harmonie pompeuse des *trompettes sacrées*. Le chœur, après un court silence, reprend les mêmes paroles dans un morceau assez animé à six-huit dont la forme et la mélodie frappent d'étonnement par leur étrangeté. On s'attend, en effet, à ce qu'une prière soit d'un mouvement lent et dans une mesure tout autre que la mesure à six-huit. Pourquoi celle-ci, sans perdre de sa gravité, joint-elle à une espèce d'agitation tragique un rhythme fortement

---

[1] L'intention de Gluck est là trop évidente et trop belle pour ne la rendre à l'exécution qu'avec les moyens ordinaires ; c'est trente flûtes au lieu de deux qu'il faudrait pour ce morceau. Oh ! si j'étais directeur de l'Opéra !

marqué et une instrumentation éclatante? Je penche fort à croire que, les cérémonies religieuses de l'antiquité étant toujours accompagnées de certaines saltations ou danses symboliques, Gluck, préoccupé de cette idée, a voulu donner à sa musique un caractère en rapport avec cet usage. L'harmonieux ensemble qui résulte, à la représentation, des voix du chœur chantant et des mouvements du chœur agissant processionnellement autour de l'autel, prouve que, malgré l'ignorance probable où sont les plus habiles chorégraphes sur le véritable rituel des anciens sacrifices, son instinct poétique n'a pas abusé le compositeur en le guidant dans cette voie.

Le récitatif obligé du grand-prêtre : *I tuoi prieghi ô regina* (Apollon est sensible à nos gémissements), me semble la plus magnifique application de cette partie du système de l'auteur, qui consiste à n'employer les masses instrumentales qu'en proportion du *degré d'intérêt ou de passion*. Ici les instruments à cordes débutent seuls, par un unisson dont le dessin se reproduit jusqu'à la fin de la scène avec une énergie croissante. Au moment où l'exaltation prophétique du prêtre commence à se manifester *(Tout m'annonce du Dieu la présence suprême,)*: les seconds violons et altos entament un *tremulando* arpégé, sur lequel tombe, de temps en temps, un coup violent des basses et premiers violons.

Les flûtes, les haubois et les clarinettes n'entrent que successivement dans les intervalles des interjections du pontife inspiré; les cors et les trombones se taisent toujours; mais à ces mots: « Le saint trépied s'agite, tout se remplit d'un juste effroi, » la masse de cuivre vomit sa bordée si longtemps contenue, les flûtes et les hautbois font entendre leurs cris féminins, le frémissement des violons redouble, la marche terrible des basses ébranle tout l'orchestre. *Ribomba il Tempio* (il va parler....), puis un silence subit :

> Saisi de crainte... et de respect,...
> Peuple, observe un profond silence.
> Reine, dépose à son aspect
> Le vain orgueil de la puissance,
> Tremble!

Ce dernier mot, prononcé dans le français sur une seule note soutenue, pendant que le prêtre promenant sur Alceste un regard égaré, lui indique du doigt le degré inférieur de l'autel où elle doit incliner son front royal, couronne d'une manière sublime cette scène extraordinaire. C'est prodigieux, c'est de la musique de géant, dont jamais avant Gluck on n'avait soupçonné l'existence!

Nous voici parvenus à le scène de l'oracle qui succède au récitatif du grand-prêtre, après un silence général : *Il re morra, s'altri per lui non more* (Le roi doit mourir aujourd'hui, si quelque autre au trépas ne se livre pour lui). Cette phrase, dite presque en entier sur une seule note, et les sombres accords de trombones qui l'accompagnent ont été imités ou plutôt copiés par Mozart, dans *Don Giovanni*, pour les quelques mots que prononce la statue du commandeur dans le cimetière. Le chœur qui suit est d'un beau caractère, c'est bien la stupeur et la consternation d'un peuple dont l'amour pour son roi ne va pas jusqu'à se dévouer pour lui. L'auteur a supprimé dans l'opéra français un second chœur de basses placé derrière la scène, murmurant à demi-voix : *Fuggiamo! fuggiamo!* pendant que le premier chœur, tout entier à son étonnement, répète sans songer à fuir : *Che annunzio funesto!* (quel oracle funeste !) A la place de ce deuxième chœur, il a fait parler le grand-prêtre d'une manière tout-à-fait naturelle et dramatique. Nous indiquerons à ce sujet une tradition importante dont l'oubli affaiblirait énormément l'effet de la péroraison de cette imposante scène. Voici en quoi elle consiste. A la fin du *largo* à trois temps qui précède la *coda* agitée : *Fuggiamo di questo soggiorno* (Fuyons, nul espoir ne nous reste), la partie du grand-prêtre indique dans la partition ces mots : (Votre roi va mourir), sur les six notes *ut ut re re re fa*, dans le *medium* et commencées sur l'avant-dernier accord du chœur. A l'exécution, au contraire, le grand-prêtre attend que le chœur ne se fasse plus entendre, et au milieu de ce silence de mort, il lance *à l'octave supérieure* son : « Votre roi va mourir », comme le cri d'alarme qui donne à cette foule épouvantée le signal de la fuite. Tous alors de se disperser en tumulte, abandonnant Alceste évanouie au pied de l'autel. Rousseau a reproché à cet *allegro agitato*, d'exprimer aussi bien le désordre de la joie que celui de la terreur ; on peut répondre à cette critique que Gluck se trouvait là, placé sur la limite ou sur le point de contact des deux passions, et qu'il lui était en conséquence à peu près impossible de ne pas encourir un pareil reproche. Et la preuve, c'est que dans les vociférations d'une multitude qui se précipite d'un lieu à un autre, l'auditeur placé à distance ne saurait, sans en être prévenu, découvrir si le sentiment qui l'agite est celui de la frayeur ou d'une folle gaîté. Pour rendre plus complètement ma pensée, je dirai : Un compositeur peut bien écrire un chœur dont l'intention joyeuse ne saurait en aucun cas être méconnue, mais l'inverse n'a pas lieu, et les agitations d'un grand nombre d'hommes, traduites musicalement, quand elles n'ont pas pour objet la haine ou la vengeance, se rapprocheront toujours beaucoup, au moins pour le mouvement et le rhythme, du mouvement et des formes rhythmiques de la joie tumultueuse. On pourrait trouver à ce chœur un défaut plus réel, celui de manquer de développements. Il est trop court, et son laconisme nuit, non-seulement à l'effet musical, mais à l'action scénique, puisque sur les dix-huit mesures qui le composent, il est fort difficile aux choristes de trouver le temps de quitter le théâtre sans sacrifier entièrement la dernière moitié du morceau.

La reine, demeurée seule dans le temple, exprime son anxiété par un de ces récitatifs comme Gluck seul en a jamais su faire ; ce monologue est déjà beau en italien, en français il est sublime. Je ne crois pas qu'on puisse rien trouver de comparable pour la vérité et la forme de l'expression, à la musique (car un tel récitatif en est une aussi admirable que les plus beaux airs) des paroles suivantes :

> Il n'est plus pour moi d'espérance !
> Tout fuit.... tout m'abandonne à mon funeste sort ;
> De l'amitié, de la reconnaissance
> J'espèrerais en vain un si pénible effort.
> Ah ! l'amour seul en est capable !
> Cher époux, tu vivras, tu me devras le jour ;
> Ce jour dont te privait la Parque impitoyable
> Te sera rendu par l'amour.

Au quatrième vers, l'orchestre commence un crescendo, image musicale de la grande idée de dévouement qui vient de poindre dans l'ame d'Alceste, l'exalte, l'embrase, et aboutit à cet éclat d'orgueil et d'enthousiasme : « Ah ! l'amour seul en est capable » ; après quoi le débit devient précipité, la phrase court avec tant d'ardeur que l'orchestre, renonçant à la suivre, s'arrête haletant, et ne reparaît qu'à la fin pour s'épanouir en accords pleins de tendresse sous le dernier vers. Tout cela appartient en propre à l'opéra français, aussi bien que l'air célèbre, *Non, ce n'est point un sacrifice*. Dans ce morceau qui est à la fois un air et un récitatif, la connaissance la plus complète des traditions et du style de l'auteur peut seule guider le chef d'orchestre et la cantatrice ; les changements de mouvements y sont fréquents, et quelques-uns ne sont pas marqués dans la partition. Ainsi, après le dernier point d'orgue, Alceste en disant : « Mes chers fils, je ne vous verrai plus », doit ralentir la mesure de plus du double, de manière à donner aux *noires* une valeur égale à celle des *blanches pointées* du mouvement précédent. Un autre passage, le plus saisissant sans contredit, deviendrait tout-à-fait un non sens, si le mouvement n'était ménagé avec une extrême délicatesse. C'est à la seconde apparition du motif : *Non, ce n'est point un sacrifice ! Eh ! pourrai-je vivre sans toi, sans toi, cher Admète ?*

Cette fois, au moment d'achever sa phrase, Alceste, frappée d'une idée désolante, s'arrête tout-à-coup à « sans toi... » Un souvenir est venu étreindre son cœur de mère et briser l'élan héroïque qui l'entraînait à la mort.... Deux hautbois élèvent leurs voix gémissantes dans le court intervalle de silence que laisse l'interruption soudaine du chant et de l'orchestre; aussitôt Alceste : *O mes enfants! ô regrets superflus!* elle pense à ses fils, elle croit les entendre; égarée et tremblante elle les cherche autour d'elle, répondant aux plaintes entrecoupées de l'orchestre, par une plainte folle, convulsive, qui tient autant du délire que de la douleur, et rend incomparablement plus frappant l'effort de la malheureuse pour résister à ces voix chéries, et répéter une dernière fois, avec l'accent d'une résolution inébranlable : « Non, ce n'est point un sacrifice. » En vérité, quand la musique est parvenue à ce degré d'élévation poétique, il faut plaindre les exécutants chargés de rendre la pensée du compositeur; le talent ne suffit plus pour cette tâche écrasante; il faut à toute force du génie.

Beaucoup de *prime donne* italiennes, françaises ou allemandes, se sont fait, à juste titre, une réputation de virtuoses habiles en chantant les plus célèbres compositions de l'art moderne, et ne pourraient, sans se couvrir de ridicule, toucher au répertoire du vieux Gluck, comme à certaines parties de celui de Mozart. On compte plusieurs Ninettes, Rosines et Sémiramis supportables; de combien de Donne

Anne et d'Alcestes pourrait-on en dire autant.

Le récitatif *Arbitres du sort des humains*, dans lequel Alceste, agenouillée au pied de la statue d'Apollon, prononce son terrible vœu, manque également dans la partition italienne; il offre cela de particulier dans son instrumentation, que la voix est presque constamment suivie à l'unisson et à l'octave par six instruments à vent, deux haut-bois, deux clarinettes et deux cors, sur le *tremolo* de tous les instruments à cordes. Ce mode d'orchestration est fort rare, je ne crois pas qu'on l'ait tenté avant Gluck; il est ici d'un effet solennel qui convient merveilleusement à la situation. Remarquons en même temps le singulier enchaînement de modulations suivi par l'auteur pour lier ensemble les deux grands airs que chante Alceste à la fin de cet acte. Le premier est en *ré majeur ;* le récitatif qui lui succède et dont je viens de parler commençant aussi en *ré*, finit en *ut dièze* mineur; le solo du grand-prêtre rentrant pour dire que le vœu d'Alceste est accepté, commence en *ut dièze mineur* et finit en *mi bémol*, et le dernier air de la reine est en *si bémol*. Mais n'anticipons pas : le morceau du grand-prêtre, *Déjà la mort s'apprête*, n'est autre que l'air d'Ismène au second acte de la partition italienne, *Parto ma senti*, avantageusement modifié. En français, l'andante est plus court, l'allegro plus long, et une partie de basson assez intéressante, est ajoutée à l'orchestre. Du reste, le fond de la pensée première est presque partout conservé. Je dois encore ici indiquer une nuance très importante dont l'indication manque à l'édition française. Dans le dessin continu de seconds violons qui accompagne tout l'allegro, la première moitié de chaque mesure est marquée *forte* dans l'original, et la seconde *piano*. Malgré l'oubli du graveur français, il est évident que cette double nuance est d'un effet trop saillant pour qu'on puisse la négliger, et exécuter *mezzo forte* d'un bout à l'autre le passage en question, ainsi que je l'ai vu faire à l'Opéra, lors de la dernière reprise d'*Alceste*.

J'arrive à l'air : *Ombre! larve! Compagne di morte* (Divinités du Styx!) Alceste est seule de nouveau; le grand-prêtre l'a quittée en lui annonçant que les ministres du dieu des morts l'attendront au coucher du soleil. C'en est fait; quelques heures à peine lui restent. Mais la faible femme, la tremblante mère, ont disparu pour faire place à un être qui, jeté hors de sa nature par le fanatisme de l'amour, est désormais inaccessible à la crainte et va frapper sans pâlir aux portes de l'enfer.

Dans ce paroxisme d'enthousiasme héroïque, Alceste interpelle les dieux du Styx pour les braver; une voix rauque et terrible lui répond; le cri de joie des cohortes infernales, l'affreuse fanfare de la trombe tartaréenne retentit pour la première fois aux oreilles de la jeune et belle reine qui va mourir. Son courage n'en est point ébranlé; elle apostrophe au contraire avec un redoublement d'énergie ces dieux avides, dont elle méprise les menaces et dédaigne la pitié; elle a bien un instant d'attendrissement, mais son audace renaît, ses paroles se précipitent : *Forza ignota che in petto mi sento* (Je sens une force nouvelle). Sa voix s'élève graduellement, les inflexions en deviennent de plus en plus passionnées : *Mon cœur est animé du plus noble transport!* et après un court silence, reprenant sa frémissante évocation, sourde aux aboiements de Cerbère, comme à l'appel menaçant des ombres, elle répète encore : *je n'invoquerai point votre pitié cruelle*, avec de tels accents, que les bruits étranges de l'abîme disparaissent vaincus par le dernier cri de cet enthousiasme mêlé d'angoisse et d'horreur.

Je crois que ce prodigieux morceau est la manifestation la plus complète des facultés de Gluck, facultés qui ne se représenteront peut-être jamais réunies au même degré chez le même individu; inspiration entraînante, haute raison, grandeur de style, abondance de pensées, connaissance profonde de l'art de dramatiser l'orchestre, expression toujours juste, naturelle et pittoresque, désordre apparent qui n'est qu'un ordre plus savant, simplicité d'harmonie et de dessins, mélodies touchantes et, par-desssus tout, force immense qui épouvante l'imagination capable de l'apprécier.

Conçoit-on qu'un pareil homme se soit vu forcé de subir les ridicules exigences du prétendu poète avec lequel il s'était malheureusement associé? Dans l'original italien, le mot *ombre*, par lequel l'air commence, étant placé sur deux larges notes, donne à la voix le temps de se développer et rend la réponse des dieux infernaux, représentés par les instruments de cuivre, beaucoup plus saillante, le chant cessant au moment où s'élève le cri instrumental. Il en est de même du second mot *larve*, qui, placé une tierce plus haut que le premier, appelle cet effroyable rugissement d'orchestre, auquel je ne connais rien d'analogue en musique dramatique. Dans la traduction française, à la place de chacun de ces deux mots, qui étaient tout traduits en y ajoutant un *s*, nous avons, *Divinités du Styx*, par conséquent, au lieu d'un membre de phrase excellent pour la voix, d'un sens complet enfermé dans une mesure, le changement produit cinq répercussions insipides de la même note, pour les cinq syllabes *Di-vi-ni-tés du*, le mot *Styx* étant placé à la mesure suivante; en même temps que l'entrée des instruments à vent qui l'écrase et empêche de l'entendre. Par là, le sens demeurant incomplet dans la mesure où le chant est à découvert, l'orchestre a l'air de partir trop tôt et de répondre à une interpellation inachevée. De plus, la phrase italienne, *Compagne di morte*, sur laquelle la voix se déploie si bien, étant supprimée en français, laisse dans la partie vocale une lacune que rien ne saurait justifier. La belle pensée du compositeur serait reproduite sans altération, si, au lieu des mots que je viens de désigner, on adaptait ceux-ci :

Ombres ! larves ! pâles compagnes de la mort !

Sans doute le rimailleur n'était pas content de la structure de ce vers, et plutôt que de manquer aux règles de l'hémistiche il a profané, gâté, mutilé, défiguré la plus étonnante inspiration de l'art tragique. C'était quelque chose de si important, en effet, que les vers de M. Du Rollet !! — Le premier acte finit là, qui oserait aujourd'hui remplir une dernière scène avec un seul personnage, et faire baisser la toile sur un air ? Celui-là seul, probablement, qui serait capable d'en écrire un pareil, et certes il n'aurait pas à se repentir de sa témérité. Le public est plus las qu'on ne pense du retour constant et par conséquent toujours prévu, des mêmes effets produits aux mêmes endroits, par les mêmes moyens;

un changement ne lui déplairait pas, et peut-être bien qu'il ne serait pas fort difficile de le faire divorcer avec la grosse caisse, même dans un final.

Les actes suivants de la partition d'Alceste passent pour inférieurs au premier; ils sont d'un effet moins saisissant à la vérité, à cause de la marche de l'action qui ne suit pas une progression croissante, et force le compositeur d'avoir trop constamment recours aux accents de deuil et d'effroi, ceux de tous dont se fatigue le plus aisément un auditoire français. Mais en réalité, nous ne croyons pas que le musicien ait fait preuve de moins de génie dans les deux derniers actes. S'il était possible, sans tomber dans des redites fastidieuses pour le lecteur, de faire une analyse détaillée de toutes les beautés que Gluck a répandues à pleines mains sur le reste de son chef-d'œuvre, nous ne serions pas embarrassé de le prouver. Bornons-nous à indiquer les deux airs : *Alceste, au nom des Dieux*, et *Caron t'appelle*, comme deux modèles, l'un de sensibilité et l'autre d'imagination. Le premier n'a subi aucune altération en passant sur la scène française; il n'en est pas de même du second, dont l'instrumentation a beaucoup gagné à cette épreuve. Gluck a donné aux cors seuls à l'unisson l'appel lointain de la *conque* de Caron, qu'il avait, dans la pièce italienne, représentée avec infiniment moins de bonheur par des trombones et des bassons. Le son du cor *piano*, mystérieux et sourd, convient parfaitement à ce genre d'effet. Gluck le rendit en même temps caverneux et étrange, en faisant aboucher l'un contre l'autre, les pavillons des cors, de manière à ce que les sons dussent se heurter au passage, et les deux instruments se servir de sourdine mutuellement. L'opposition qu'on trouve toujours chez les exécutants dès qu'il s'agit de déranger quelque chose à leurs habitudes, a fait abandonner depuis longtemps ce moyen employé du vivant de l'auteur ; et comme la partition ne porte aucune indication à ce sujet, il est probable que ce sera dans peu une tradition perdue.

Parmi les fragments des derniers actes de l'*Alceste* italienne qui ont été supprimés dans la traduction, citons le grand récitatif mesuré : *Ovve fuggo ?.... ovve m'ascondo ?.....* Bizarre, pathétique et effrayant au plus haut degré ; et l'air fort développé, mais très insignifiant d'Evandre, dont les premières paroles m'échappent. L'Alceste française compte plusieurs morceaux fort beaux, que Gluck a écrits à Paris spécialement pour elle ; tels que l'air sublime : *Ah ! divinités implacables !* le chœur : *Vivez, régnez ;* et le monologue d'Alceste pendant le ballet : *Ces chants me déchirent le cœur.*

Pour le délicieux chœur de danse : **Parez vos**

fronts de fleurs nouvelles, Gluck l'avait emprunté à sa partition d'*Helena e Paride,* aujourd'hui tout-à-fait inconnue.

LE SUICIDE PAR ENTHOUSIASME.

L'enthousiasme est une passion comme l'amour. Le *fait* que nous allons rapporter en fournit une preuve nouvelle. En 1808, un jeune musicien remplissait depuis trois ans, avec un dégoût évident, l'emploi de premier violon dans un théâtre du midi de la France. L'ennui qu'il apportait chaque soir à l'orchestre, où il s'agissait presque toujours d'accompagner *le Tonnelier, le Roi et le Fermier, les Prétendus* ou quelque autre partition de la même école, l'avait fait passer dans l'esprit de la plupart de ses camarades pour un insolent fanfaron de goût et de science, qu'il s'imaginait, disaient-ils, avoir seul en partage, ne faisant aucun cas de l'opinion du public dont les applaudissements lui faisaient hausser les épaules, ni de celles des artistes qu'il avait l'air de regarder comme des enfants. Ses rires dédaigneux et ses mouvements d'impatience, chaque fois qu'un pont-neuf se présentait sous son archet, lui avaient fréquemment attiré de sévères réprimandes de la part de son chef d'orchestre, auquel il eût depuis longtemps envoyé sa démission, si la misère, qui semble presque toujours choisir pour ses victimes des êtres de cette nature, ne l'avait irrévocablement cloué devant son pupitre huileux et enfumé.

Adolphe D*** était, comme on voit, un de ces artistes prédestinés à la souffrance qui, portant en eux-mêmes un idéal du beau, le poursuivent sans relâche, haïssant avec fureur tout ce qui n'y ressemble pas. Gluck, dont il avait copié les partitions pour mieux les connaître, et qu'il savait par cœur, était son idole. Il le lisait, jouait et chantait à toute heure. Un malheureux amateur auquel il donnait des leçons de solfége, eut l'imprudence de lui dire un jour que ces opéras de Gluck n'étaient que des cris et du plain-chant; D***, rougissant d'indignation, ouvre précipitamment le tiroir de son bureau, en tire une dizaine de cachets de leçons, dont l'amateur lui devait le prix, et les lui jetant à la tête : « Sortez de chez moi, dit-il,

» je ne veux ni de vous, ni de votre argent,
» et si vous osez repasser le seuil de ma porte,
» je vous jette par la fenêtre. »

On conçoit qu'avec une pareille tolérance pour le goût des élèves, D*** ne dût pas faire fortune en donnant des leçons. *Spontini* était alors dans toute sa gloire. L'éclatant succès de la *Vestale*, annoncé par les mille voix de la presse, rendait les dilettanti de chaque province jaloux de connaître cette partition tant vantée par les Parisiens, et les malheureux directeurs de théâtre s'évertuaient à tourner, sinon à vaincre, les difficultés d'exécution et de mise en scène du nouvel ouvrage.

Le directeur de D***, ne voulant pas rester en arrière du mouvement musical, annonça bientôt à son tour que la *Vestale* était à l'étude. D***, exclusif comme tous les esprits ardents auxquels une éducation solide n'a pas appris à motiver leurs jugements, montra d'abord une prévention défavorable à l'opéra de Spontini dont il ne connaissait pas une note. « On prétend que c'est un style nou-
» veau, plus mélodique que celui de Gluck: tant
» pis pour l'auteur, la mélodie de Gluck me suf-
» fit; le mieux est ennemi du bien. Je parie que
» c'est détestable. »

Ce fut en pareilles dispositions qu'il arriva à l'orchestre le jour de la première répétition générale. Comme chef de pupitre, il n'avait pas été tenu d'assiter aux répétitions partielles qui avaient précédé celle-là, et les autres musiciens, qui, tout en admirant *Lemoine*, trouvaient néanmoins *Spontini* fort beau, se dirent à son arrivée : « Voyons ce que va décider le grand Adolphe. » Celui-ci répéta sans laisser échapper un mot, un signe d'admiration ou de blâme. Un étrange bouleversement s'opérait en lui. Comprenant bien, dès la première scène, qu'il s'agissait là d'une œuvre haute et puissante, que *Spontini* était un génie dont il ne pouvait méconnaître la supériorité, mais ne se rendant pas compte cependant de ses procédés, tout nouveaux pour lui, et qu'une mauvaise exécution de province rendait encore plus difficile à saisir, D*** emprunta la partition, en apprit les paroles, étudia un à un l'esprit, le caractère de chaque personnage, et se jetant ensuite dans l'analyse de la partie musicale, suivit ainsi la route qui devait l'amener à une connaissance véritable et complète de l'opéra entier. Depuis lors, on observa qu'il devenait de plus en plus morose et taciturne, éludant les questions qui lui étaient adressées, ou riant d'un air sardonique quand il entendait ses camarades se récrier d'admiration : « Imbéciles ! » pensait-il sans doute, vous êtes bien capables » de concevoir un tel ouvrage, vous qui admi- » rez les *Prétendus*. »

Ceux-ci ne doutaient pas, à cette expression d'ironie empreinte sur les traits de D*** qu'il ne fût aussi sévère pour *Spontini* qu'il l'avait été pour *Lemoine*, et qu'il ne confondît les trois compositeurs dans la même condamnation. Le final du second acte l'ayant ému cependant jusqu'aux larmes, un jour que l'exécution était un peu moins exécrable que de coutume, on ne sut plus que penser de lui. Il est fou, disaient les uns; c'est une comédie qu'il joue, disaient les autres; et tous, c'est un pauvre musicien. D***, immobile sur sa chaise, plongé dans une rêverie profonde, essuyant furtivement ses yeux, ne répondait mot à toutes ces impertinences; mais un trésor de mépris et de rage s'amassait dans son cœur. L'impuissance de l'orchestre, celle plus évidente encore des chœurs, le défaut d'intelligence et de sensibilité des acteurs, les broderies de la première chanteuse, les mutilations de toutes les phrases, de toutes les mesures, les coupures insolentes, en un mot les tortures de toute espèce qu'il voyait infliger à l'œuvre devenue l'objet de sa profonde adoration et qu'il possédait comme l'auteur lui-même, lui faisaient éprouver un supplice que je connais fort bien, mais que je ne saurais décrire. Après le second acte, la salle entière s'étant levée un soir en poussant des cris d'admiration, D*** sentit sa fureur le submerger, et comme un habitué du parquet lui adressait, plein de joie, cette question banale :

— « Eh bien ! monsieur Adolphe, que dites-vous de cela ?

— » Je dis, lui cria D*** pâle de colère, » que vous et tous ceux qui se démènent dans » cette salle, êtes des sots, des ânes, des » brutes, dignes tout au plus de la musi-» que de *Lemoine*, puisque au lieu d'as-» sommer le directeur, les chanteurs et les » musiciens, vous prenez part, en applaudissant, » à la plus indigne profanation dont on puisse » flétrir le génie. »

Pour cette fois, l'incartade était trop forte, et malgré le talent d'exécution du fougueux artiste, qui en faisait un sujet précieux, malgré la misère affreuse où l'allait réduire une destitution, le directeur, pour venger l'injure du public, se vit forcé de la lui envoyer.

D***, contre l'ordinaire des caractères de sa trempe, avait des goûts fort peu dispendieux. Quelques épargnes faites sur les appointements de sa place et les leçons qu'il avait données jusqu'à cette époque, lui assurant pour trois mois au moins son existence, amortirent le coup de la destitution et la lui firent même envisager comme un évènement heureux qui pouvait exercer une influence favorable sur sa carrière d'artiste, en le rendant à la liberté. Mais le charme principal de cette délivrance inattendue venait d'un projet de voyage que D*** roulait dans sa tête, depuis que le génie de Spontini lui était apparu. Entendre la *Vestale* à Paris, tel était le but constant de son ambition. Le moment d'y atteindre paraissait arrivé, quand un incident, que notre enthousiaste ne pouvait prévoir, vint y mettre obstacle. Né avec un tempérament de feu, des passions indomptables, Adolphe cependant était timide auprès des femmes, et à part quelques intrigues, fort peu poétiques avec les princesses de son théâtre, l'amour furieux, dévorant, l'amour frénésie, le seul qui pût être le véritable pour lui, n'avait point encore ouvert de cratère dans son cœur. En rentrant un soir chez lui, il trouva le billet suivant :

« Monsieur, s'il vous était possible de consacrer quelques
» heures à l'éducation musicale d'une élève, assez forte déjà
» pour ne pas mettre votre patience à de trop rudes épreuves,
» je serais heureuse que vous voulussiez bien en disposer en
» ma faveur. Vos talents sont connus et appréciés, beaucoup
» plus peut-être que vous ne le soupçonnez vous-même ; ne
» soyez donc pas surpris si, à peine arrivée dans votre ville,
» une parisienne s'empresse de vous confier la direction de
» ses études dans le bel art que vous honorez et comprenez
» si bien.

« Hortense N***. »

Le mélange de flatterie et de fatuité, le ton à la fois dégagé et engageant de cette lettre, excitèrent la curiosité de D***, et au lieu d'y répondre par écrit, il résolut d'aller en personne remercier la Parisienne de sa confiance, l'assurer qu'elle ne le *surprenait* nullement, et lui apprendre que, sur le point de partir lui-même pour Paris, il ne pouvait entreprendre la tâche fort agréable sans doute qu'elle lui proposait. Ce petit discours, répété d'avance avec le ton d'ironie qui lui convenait, expira sur les lèvres de l'artiste en entrant dans le salon de l'étrangère. Sa grace originale et mordante, sa mise élégante et recherchée, ce je ne sais quoi enfin qui fascine dans la démarche, dans tous les mouvements d'une beauté de la Chaussée-d'Antin, produisirent tout leur effet sur Adolphe. Au lieu de railler, il commençait à exprimer sur son prochain départ des regrets, dont le son de sa voix et le trouble de toute sa personne décelaient la sincérité, quand madame N***, en femme habile, l'interrompit :

— « Vous partez, monsieur? oh! mon Dieu!
» j'ai été bien inspirée de ne pas perdre de temps.
» Puisque c'est à Paris que vous allez, commen-
» çons nos leçons pendant le peu de jours qui
» vous restent ; immédiatement après la saison
» des eaux, je retourne dans la capitale où je
» serai charmée de vous revoir et de profiter
» alors plus librement de vos conseils. »
Adolphe, heureux intérieurement de voir les

raisons dont il avait motivé son refus si facilement détruites, promit de commencer le lendemain, et sortit tout rêveur. Ce jour-là il ne pensa pas à la *Vestale*.

Madame M*** était une de ces femmes *adorables* (comme on dit au café Anglais, chez Tortoni et dans trois ou quatre autres foyers de dandysme) qui, trouvant *délicieusement originales* leurs moindres fantaisies, pensent que ce serait *un meurtre* de ne pas les satisfaire, et professent en conséquence une sorte de respect pour leurs propres caprices, quelque absurdes qu'ils soient.

— « Mon cher Fr***, disait, il y a quelques
» mois, une de ces charmantes créatures à un
» dilettante célèbre, vous connaissez Rossini,
» dites-lui donc de ma part que son *Guillaume*
» *Tell* est une chose mortelle ; que c'est à périr
» d'ennui, et qu'il ne *s'avise* pas d'écrire un
» second opéra dans ce style, autrement
» madame M***** et moi, qui l'avons si bien
» soutenu, nous l'abandonnerions sans re-
« tour. »

Une autre fois :

— « Qu'est-ce donc que ce nouveau pianiste
» polonais, dont tous les artistes raffolent et dont
» la musique est *si bizarre?* Je veux le voir,
» amenez-le moi demain. »

— « Madame, je ferai mon possible pour cela,

» mais je dois vous avouer que je connais peu
» l'auteur des mazourkas et qu'il n'est point à
» mes ordres. »

— « Non, sans doute, il n'est pas à vos ordres,
» mais il *doit être aux miens*. Ainsi je compte
» sur lui. »

Cette singulière invitation n'ayant pas été acceptée, la souveraine annonça à ses sujets que M. *Chopin* était un *petit original* jouant *passablement* du piano, mais dont la musique n'était qu'un *logogriphe* perpétuel *fort ridicule*.

Une fantaisie de cette nature fut le seul motif de la lettre passablement impertinente qu'Adolphe reçut de madame N***, au moment où il s'occupait de son départ pour Paris. La belle Hortense était de la plus grande force sur le piano et possédait une voix superbe, dont elle se servait aussi avantageusement qu'il est possible de le faire, quand l'ame n'y est pas. Elle n'avait donc nul besoin des leçons de l'artiste provençal; mais l'apostrophe lancé par celui-ci, en plein théâtre, à la face du public, avait, comme on le pense bien, retenti dans la ville. Notre Parisienne en entendant parler de toutes parts, demanda et obtint sur le héros de l'aventure des renseignements qui lui parurent piquants. Elle *voulut le voir* aussi; comptant bien, après avoir à loisir examiné l'*original*, fait craquer tous ses ressorts, joué de lui comme d'un nouvel instrument, lui donner un congé illimité. Il en arriva tout autrement cependant, au grand dépit de la jolie *simia parisiensis*. Adolphe était fort bien ; de grands yeux noirs pleins de feu, des traits réguliers qu'une pâleur habituelle couvrait d'une teinte légère de mélancolie, mais où brillait par intervalles l'incarnat le plus vif, selon que l'enthousiasme ou l'indignation faisaient battre son cœur ; une tournure distinguée et des manières fort différentes de celles qu'on aurait pu lui supposer, à lui qui n'avait guère vu le monde que par le trou de la toile de son théâtre ; son caractère emporté et timide à la fois, où se rencontrait le plus singulier assemblage de raideur et de grace, de patience et de brusquerie, de jovialité subite et de rêverie profonde, en faisaient, par tout ce qu'il y avait en lui d'imprévu, l'homme le plus capable d'enlacer une coquette dans ses propres filets. C'est ce qui arriva, sans préméditation aucune de la part d'Adolphe pourtant ; car il fut pris le premier. Dès la première leçon, la supériorité musicale de madame N*** se montra dans tout son éclat ; au lieu de recevoir des conseils, elle en donna presque à son maître. Les sonates de Steibelt, le Hummel du temps, les airs de Paësiello et de Cimarosa qu'elle couvrait de broderies parfois d'une audacieuse originalité, lui fournirent l'occasion de faire scintiller successivement chacune des facettes de son talent. Adolphe, pour qui une telle femme et une pareille exécution étaient choses nouvelles, fut bientôt complètement sous le charme. Après la grande fantaisie de Steibelt (l'*Orage*), où Hortense lui sembla disposer de toutes les puissances de l'art musical :

— « Madame, lui dit-il tremblant d'émotion,
» vous vous êtes moquée de moi en me deman-
» dant des leçons ; mais comment pourrais-je
» vous en vouloir d'une mystification qui m'a
» ouvert à l'improviste le monde poétique, le
» ciel de mes songes d'artiste, en faisant de
» chacun de mes rêves autant de sublimes réa-
» lités ? Continuez à me mystifier ainsi, madame,
» je vous en conjure, demain, après-demain,
» tous les jours, et je vous devrai les plus eni-
» vrantes jouissances qu'il m'ait été donné de
» connaître de ma vie. »

L'accent avec lequel ces paroles furent dites par D***, les larmes qui roulaient dans ses yeux, le spasme nerveux qui agitait ses membres, étonnèrent Hortense bien plus encore que son talent à elle n'avait surpris le jeune artiste. Si les cadences, les traits, les harmonies pompeuses, les mélodies découpées en dentelle, en naissant sous les blanches mains de la gracieuse fée, causaient à Adolphe une sorte d'asphixie d'admiration, la nature impressionnable de celui-ci, sa vive sensibilité, les expressions pittoresques dont il se servait pour exprimer son enthousiasme, ne frappèrent pas moins vivement Hortense.

Il y avait si loin des suffrages passionnés, de ces joies si vraies de l'artiste, aux bravos tièdes et étudiés des merveilleux de Paris, que l'amour-propre tout seul aurait suffi pour faire regarder, sans trop de rigueur, un homme d'un extérieur moins avantageux que notre héros. L'art et l'enthousiasme se trouvaient en présence pour la première fois ; le résultat d'une pareille rencontre était facile à prévoir..... Adolphe, ivre, fou d'amour, ne cherchant ni à cacher, ni même à modérer les élans de sa passion toute méridionale, désorienta Hortense et déjoua ainsi, sans s'en douter, le plan de défense médité par la coquette. Tout cela était si neuf pour elle ! Sans ressentir réellement rien qui approchât de la dévorante ardeur de son amant, elle comprenait cependant qu'il y avait là tout un monde de sensations (si non de sentiments), que de fades liaisons contractées antérieurement ne lui avaient jamais dévoilé. Ils furent heureux ainsi, chacun à sa manière, pendant quelques semaines ; le départ pour Paris fut, on le pense bien, indéfiniment ajourné. La musique était pour Adolphe un écho de son bonheur profond, le miroir où allaient se réfléchir les rayons de sa délirante passion, et d'où ils revenaient plus brûlants à son cœur. Pour Hortense, au contraire, l'art musical n'était qu'un délassement sur lequel elle était blasée dès longtemps; il ne lui procurait que d'agréables distractions, et le plaisir de briller aux yeux de son amant, était bien souvent le mobile unique qui pût l'attirer au piano.

Tout entier à sa rage de bonheur, Adolphe dans les premiers jours, avait un peu oublié le fanatisme qui jusqu'alors avait rempli sa vie. Quoiqu'il fût loin de partager les opinions parfois étranges de madame N**, sur le mérite des différentes compositions qui formaient son répertoire, il lui faisait néanmoins d'étonnantes concessions, évitant, sans trop savoir pourquoi, les points de doctrine artistique où un vague instinct l'avertissait qu'il y aurait eu entre eux une divergence trop marquée. Il ne fallait rien moins qu'un blasphème affreux, comme celui qui lui avait fait mettre à la porte un de ses élèves, pour détruire l'équilibre, que l'amour violent de D*** établissait dans son cœur avec ses convictions despotiques et passionnées sur la musique. Et ce blasphème, les jolies lèvres d'Hortense le laissèrent échapper.

C'était par une belle matinée de printemps; Adolphe, aux pieds de sa maîtresse, savourait ce bonheur mélancolique, cet accablement délicieux qui succède aux grandes crises de volupté. L'athée lui-même, en de pareils instants, entend au dedans de lui s'élever un hymne de reconnaissance vers la cause inconnue qui lui donna la vie ; la mort, la mort *rêveuse et calme comme la nuit*, suivant la belle expression de Moore, est alors le bien auquel on aspire, le seul que nos yeux voilés de pleurs célestes nous laissent entrevoir, pour couronner cette ivresse surhumaine. La vie commune, la vie sans poésie, sans amour, la vie en prose, où l'on marche au lieu de voler, où l'on parle au lieu de chanter, où tant de fleurs aux couleurs brillantes sont sans parfum et sans grace, où le génie n'obtient que le culte d'un jour et des hommages glacés, où l'art trop souvent contracte d'indignes alliances ; la vie enfin, se présente alors sous un aspect si morne, si désert et si triste, que la mort, fût-elle dépourvue du charme réel que l'homme noyé dans le bonheur lui trouve, serait encore pour lui désirable, en lui offrant un refuge assuré contre l'existence insipide qu'il redoute par-dessus tout.

Perdu en de telles pensées, Adolphe tenait une des mains délicates de son amie, imprimant sur chaque doigt de petites morsures qu'il effaçait aussitôt par des baisers sans nombre ; pendant que de son autre main, Hortense bouclait en fredonnant les noirs cheveux de son amant.

En écoutant cette voix si pure, si pleine de séductions, une tentation irrésistible le saisit à l'improviste.

» — Oh! dis-moi l'élégie de la *Vestale*, mon
» amour, tu sais :

> Toi que je laisse sur la terre,
> Mortel que je n'ose nommer [1].

» Chantée par toi, cette prodigieuse inspiration
» doit être d'un sublime inouï. Je ne sais com-
» ment je ne te l'ai pas encore demandée. Chante,
» chante-moi Spontini ; que j'obtienne tous les
» bonheurs ensemble !

» — Quoi ! c'est cela que vous voulez? répli-
» qua madame N***, en faisant une petite moue
» qu'elle croyait charmante, cette grande la-
» mentation monotone *vous plaît?*... Oh Dieu!
» que c'est ennuyeux ! quelle psalmodie ! Pour-
» tant, si vous y tenez.... »

La froide lame d'un poignard en entrant dans son cœur ne l'eût pas déchiré plus cruellement que ces paroles. Se levant en sursaut comme un homme qui découvre un animal immonde dans l'herbe sur laquelle il s'était assis, Adolphe, fixa d'abord sur Hortense des yeux pleins d'un feu sombre et menaçant ; puis, se promenant avec agitation dans l'appartement, les poings fermés, les dents serrées convulsivement, il sembla se consulter sur la manière dont il allait répondre et entamer la rupture ; car pardonner un pareil

---

[1] Cet air est toujours supprimé à la représentation.

mot, était chose impossible. L'admiration et l'amour avaient fui ; l'ange devenait une femme vulgaire ; l'artiste supérieure retombait au niveau des amateurs ignorants et superficiels, qui veulent que l'art *les amuse*, et n'ont jamais soupçonné qu'il eût une plus noble mission ; Hortense n'était plus qu'une forme gracieuse sans intelligence et sans ame ; la musicienne avait des doigts agiles et un larynx sonore... rien de plus.

Toutefois, malgré la torture affreuse qu'Adolphe ressentait d'une pareille découverte, malgré l'horreur d'un aussi brusque désenchantement, il n'est pas probable qu'il eût manqué d'égards et de ménagements, en rompant avec une femme dont le seul crime, après tout, était de n'avoir qu'une organisation inférieure à la sienne, d'aimer le *joli* sans comprendre le *beau*. Mais, incapable comme était Hortense de croire à la violence de l'orage qu'elle venait de soulever, la contraction subite de tous les traits d'Adolphe, sa promenade agitée dans le salon, son indignation à peine contenue, lui parurent choses si comiques, qu'elle ne put résister à un accès de folle gaité, et laissa échapper un bruyant éclat de rire. Avez-vous jamais remarqué tout ce que le rire éclatant a d'odieux dans certaines femmes ?... Pour moi il est l'indice le plus sûr de la sécheresse de cœur, de l'égoïsme et de la coquetterie. Autant l'expression d'une joie vive à de charme et de pudeur chez quelques femmes, autant elle est chez d'autres pleine d'une indécente ironie. Leur voix prend alors un timbre incisif, effronté, impudique, d'autant plus haïssable que la femme est plus jeune et plus jolie ; en pareille occasion, je comprends les délices du meurtre, et je cherche machinalement sous ma main l'oreiller d'Othello. Adolphe avait sans doute la même manière de sentir à cet égard. Il n'aimait déjà plus madame N*** l'instant d'auparavant ; mais il la plaignait d'avoir des facultés aussi bornées ; il l'eût quittée avec froideur, mais sans outrage. Ce rire sot et bruyant auquel elle s'abandonna sans réserve, au moment où le malheureux artiste sentait sa poitrine se déchirer, l'exaspéra. Un éclair de haine et d'un indicible mépris brilla soudain dans ses yeux ; essuyant d'un geste rapide, et son front couvert d'une froide sueur et l'écume sanglante qui s'échappait de ses lèvres :

—« Madame, lui dit-il, d'une voix qu'elle ne lui avait jamais vu prendre, vous êtes une sotte ! »

Le soir même il était sur la route de Paris.

Ce que pensa la moderne Ariane en se voyant ainsi délaissée, nul ne le sait. En tout cas, il est probable que le Bacchus qui devait la consoler et guérir la cruelle blessure faite à son amour-propre, ne se fit pas attendre. Hortense n'était pas femme à demeurer ainsi dans l'inaction. *Il fallait un aliment à l'activité de son esprit et de son cœur.* C'est la phrase consacrée au moyen de laquelle ces dames poétisent et veulent justifier leurs écarts les plus prosaïques.

Quoi qu'il en soit, dès la seconde journée de son voyage, Adolphe, complètement désenchanté, était tout entier au bonheur de voir son projet favori, son idée fixe, sur le point de devenir une réalité. Il allait se trouver enfin à Paris, au centre du monde musical, il allait entendre ce magnifique orchestre de l'Opéra, ces chœurs si nombreux, si puissants, entendre madame Branchu dans la *Vestale*..... Un feuilleton de Geoffroy, qu'Adolphe lut en arrivant à Lyon, vint exaspérer encore son impatience. Contre l'ordinaire du célèbre critique, il n'avait eu que des éloges à donner.

« Jamais, disait-il, la belle partition de
» Spontini n'a été rendue avec un pareil en-
» semble par les masses, ni avec une inspira-
» tion aussi véhémente par les acteurs princi-
» paux. Madame Branchu, entre autres, s'est
» élevée au plus haut degré de pathétique ; can-
» tatrice habile, douée d'une voix puissante,
» tragédienne consommée, elle est peut-être le
» sujet le plus précieux dont ait pu s'enor-
» gueillir l'Opéra depuis sa fondation ; n'en dé-
» plaise aux partisans exclusifs de la Saint-

» Huberti. Madame Branchu est petite mal-
» heureusement ; mais le naturel de ses poses,
» l'énergique vérité de ses gestes et le feu
» de ses yeux font disparaître ce défaut de
» stature; et dans ses débats avec les prê-
» tres de Vesta, l'expression de son jeu est si
» grandiose qu'elle semble dominer le colosse
» Dérivis de toute la tête. Hier, un entre-
» acte fort long a précédé le troisième acte. La
» raison de cette interruption insolite dans la
» représentation était due à l'état violent où le
» rôle de Julia et la musique de Spontini avaient
» jeté la cantatrice. Dans la prière (*O des infor-*
» *tunés*), sa voix tremblante indiquait déjà
» une émotion qu'elle avait peine à maîtriser ;
» mais au final (*De ces lieux prêtresse adultère*),
» son rôle tout de pantomime ne l'obligeant
» pas aussi impérieusement à contenir les
» transports qui l'agitaient, des larmes ont
» inondé ses joues, ses gestes sont deve-
» nus désordonnés, incohérents, fous, et au
» moment où le pontife lui jette sur la tête
» l'immense voile noir, qui la couvre comme
» un linceul, au lieu de s'enfuir éperdue, ainsi,
» qu'elle avait fait jusqu'alors, madame Branchu
» est tombée évanouie aux pieds de la grande
» Vestale. Le public, qui prenait tout cela pour
» de nouvelles combinaisons de l'actrice, a
» couvert de ses acclamations la péroraison

» de ce magnifique final ; chœurs, orchestre,
» tamtam, Dérivis, tout a disparu sous les cris
» du parterre. La salle entière était boule-
» versée. »

Un cheval ! un cheval ! mon royaume pour un cheval ! s'écriait Richard III. Adolphe eût donné la terre entière pour pouvoir à l'instant même quitter Lyon au galop. Il respirait à peine en lisant ces lignes ; ses artères battaient dans son cerveau à lui donner des vertiges, il avait la fièvre. Force lui fut cependant d'attendre le départ de la lourde voiture, si improprement nommée diligence, où sa place était retenue pour le lendemain. Pendant les quelques heures qu'il dut demeurer dans les murs de Lyon, Adolphe n'eut garde d'entrer dans un théâtre. En toute autre occasion, il s'en fût empressé ; mais certain aujourd'hui d'entendre bientôt le chef-d'œuvre de Spontini dignement exécuté, il voulait jusque-là rester vierge et pur de tout contact avec les muses provinciales. On partit enfin. D***, enfoncé dans un coin de la voiture, tout entier à ses pensées, gardait un farouche silence, ne prenant aucune part au caquetage de trois dames fort attentives à entretenir avec deux militaires une conversation suivie. On parla de tout comme à l'ordinaire ; et quand vint le tour de la musique, les mille et une absurdités débitées, à ce sujet, purent à

peine arracher à Adolphe ce laconique à parte :
» Bécasses ! ! » Il fut obligé pourtant, le second jour du voyage, de répondre aux questions que la plus âgée des femmes s'avisa de lui adresser. Impatientées toutes les trois du mutisme obstiné du jeune voyageur et des sourires sardoniques qui se dessinaient de temps en temps sur ses traits, elles décidèrent qu'il parlerait et qu'on saurait le but de son voyage.

— Monsieur va à Paris sans doute?
— Oui, madame. .
— Pour étudier le droit?
— Non, madame.
— Ah ! monsieur est étudiant en médecine?
— Vous vous trompez, madame.

L'interrogatoire finit là pour cette fois, mais il recommença le lendemain avec une insistance bien propre à faire perdre patience à l'homme le plus endurant.

— Il paraît que monsieur va entrer à l'école polytechnique.
— Non, madame.
— Alors, monsieur est dans le commerce?
— Oh! mon Dieu, non, madame.
— A la vérité, rien n'est plus agréable que de voyager pour son plaisir, comme fait monsieur, selon toute apparence.
— Si tel a été mon but en partant, je crois, madame, qu'il me sera difficile de l'atteindre

pour peu que l'avenir ressemble au présent.

Cette répartie faite d'un ton sec, imposa enfin silence à l'impertinente questionneuse, et Adolphe put reprendre le cours de ses méditations. Qu'allait-il faire en arrivant à Paris... n'emportant pour toute fortune que son violon et une bourse de deux cents francs, quels moyens employer pour utiliser l'un et épargner l'autre... Pourrait-il tirer parti de son talent... Qu'importaient après tout de pareilles réflexions, de telles craintes pour l'avenir... N'allait-il pas entendre la *Vestale*? N'allait-il pas connaître dans toute son étendue le bonheur si longtemps rêvé? Dût-il mourir après cette immense jouissance! avait-il le droit de se plaindre?.. n'était-il pas juste au contraire, que la vie eût un terme quand la somme des joies, qui suffit d'ordinaire à toute la durée de l'existence humaine, est dépensée d'un seul coup.

C'est dans cet état d'exaltation que l'artiste provençal arriva à Paris. A peine débarqué, il court aux affiches; que voit-il sur celle de l'Opéra? les *Prétendus*.—« Insolente mystification, s'écria-t-il; c'était bien la peine de me faire chasser de mon théâtre; de m'enfuir devant la musique de Lemoine, comme devant la lèpre et la peste, pour la retrouver encore au grand Opéra de Paris. » Le fait est que cet ouvrage bâtard, ce modèle du style rococo, poudré, brodé, galonné, qui semble avoir été écrit exclusivement pour les vicomtes de Jodelet et les marquis de Mascarille, était alors en grande faveur. Lemoine alternait sur l'affiche de l'Opéra avec Gluck et Spontini. Aux yeux d'Adolphe, ce rapprochement était une profanation ; il lui semblait que la scène illustrée par les plus beaux génies de l'Europe, ne devait pas être ouverte à d'aussi pâles médiocrités ; que le noble orchestre, tout frémissant encore des mâles accents d'Iphigénie en Tauride ou d'Alceste, n'aurait pas dû être ravalé jusqu'à accompagner les fredons de Mondor et de la Dandinière. Quant au parallèle de la *Vestale* avec ces misérables tissus de ponts-neufs, il s'efforçait d'en repousser l'idée ; cette abomination lui figeait le sang dans les veines. Il y a encore aujourd'hui quelques esprits ardents ou *extravagants* (comme on voudra), qui ont exactement la même manière de voir à ce sujet.

Dévorant son désapointement, Adolphe retournait tristement chez lui, quand le hasard lui fit rencontrer un de ses compatriotes, auquel il avait autrefois donné des leçons de violon. Celui-ci, riche amateur, fort répandu dans le monde musical, s'empressa de mettre son maître au courant de tout ce qui s'y passait et lui apprit que les représentations de la *Vestale*, suspendues par l'indisposition de madame Branchu, ne seraient vraisemblablement reprises que dans quelques semaines. Les ouvrages de Gluck eux-mêmes, quoique formant habituellement le fond du répertoire de l'Opéra, n'y figurèrent pas pendant les premiers temps du séjour d'Adolphe à Paris. Ce hasard lui rendit ainsi plus facile l'accomplissement du vœu qu'il avait fait, de conserver pour Spontini sa virginité musicale. En conséquence, il ne mit les pieds dans aucun théâtre, s'abstint de toute espèce de musique, n'assistant ni aux revues de la garde, ni aux messes solennelles de Notre-Dame, se bornant à chercher une place qui pût le faire vivre, sans le condamner cependant à recommencer la vie de galérien qui lui avait été si odieuse en province. Il s'agissait pour cela de trouver un emploi dans un des trois théâtres lyriques. Il se fit entendre successivement aux différents chefs d'orchestre. M. Persuis, qui conduisait l'Opéra et celui sur lequel il comptait le moins, fut le seul qui l'encouragea et lui donna des espérances. Adolphe lui plut, son talent d'exécution, sans être très remarquable, le rendait cependant fort propre à tenir avantageusement son rang parmi les violons de l'Opéra. Persuis l'engagea à revenir le voir, lui offrant ses conseils, avec l'assurance que la première place vacante à l'orchestre serait pour lui. Tranquille de ce côté, et deux élèves que son protecteur lui avait procurés, facilitant ses moyens d'existence, l'adorateur de Spontini sentait redoubler son impatience d'entendre la magique partition. Chaque jour, il courait aux affiches, chaque jour son attente était trompée. Le 22 mars, arrivé le matin au coin de la rue Richelieu, au moment où l'afficheur montait sur son échelle, Adolphe après avoir vu placarder successivement le Vaudeville, l'Opéra-Comique, le Théâtre Italien, la Porte-Saint-Martin, vit déployer lentement une grande feuille brune qui portait en tête : *Académie Impériale de Musique* et faillit tomber sur le pavé en lisant enfin ce nom tant désiré : *La Vestale.*

A peine Adolphe eut-il jeté les yeux sur l'affiche qui lui annonçait la *Vestale* pour le lendemain, qu'une sorte de délire s'empara de lui. Il commença une folle course dans les rues de Paris, se heurtant contre les angles des maisons, coudoyant les passants, riant de leurs injures, parlant, chantant, gesticulant comme un échappé de Charenton.

Abîmé de fatigue, couvert de boue, il s'arrêta enfin dans un café, demanda à dîner, dévora, sans presque s'en apercevoir, ce que le garçon avait mis devant lui et tomba dans une tristesse étrange. Saisi d'un effroi dont il ne pouvait pas bien démêler la cause, en présence de l'évènement immense qui allait s'accomplir pour lui, il écouta quelque temps les rudes battements de son cœur, pleura, et laissant tomber sa tête amaigrie sur la table, s'endormit profondément. La journée du lendemain fut plus calme ; une visite à Persuis en abrégea la durée. Celui-ci en voyant Adolphe, lui remit une lettre avec le timbre de l'administration de l'Opéra ; c'était sa nomination à la place de second violon. Adolphe remercia son protecteur, mais sans empressement ; cette faveur qui, dans un autre moment, l'eût comblé de joie, n'était plus à ses yeux qu'un accessoire de peu d'intérêt ; quelques minutes après il n'y songeait plus. Il évita de parler à Persuis de la représentation qui devait avoir lieu le soir même ; un pareil sujet de conversation eût ébranlé jusqu'aux fibres les plus intimes de son cœur ; il l'épouvantait. Persuis ne sachant trop que penser de l'air singulier et des phrases incohérentes du jeune homme, s'apprêtait de lui demander le motif de son trouble, Adolphe qui s'en aperçut se leva aussitôt et sortit. Quelques tours devant l'Opéra, une revue des affiches qu'il fit pour se bien assurer qu'il n'y avait point de changement dans le spectacle, ni dans le nom des acteurs, l'aidèrent à atteindre le soir de cette interminable journée. Six heures sonnèrent enfin ; vingt minutes après, Adolphe était dans sa loge ; car pour être moins troublé dans son admiration extatique et pour mettre encore plus de solennité dans son bonheur, il avait, malgré la folie d'une telle dépense, pris une loge pour lui seul. Nous allons laisser notre enthousiaste rendre compte lui-même de cette mémorable soirée. Quelques lignes qu'il écrivit en rentrant, à la suite de l'espèce de journal d'où nous avons extrait ces détails, montrent trop bien l'état de son ame et l'inconcevable exaltation qui faisait le fond de son caractère ; nous les donnerons ici sans y rien changer.

23 mars, minuit,

« Voilà donc la vie ! je la contemple du haut de mon bon-
» heur... impossible d'aller plus loin... je suis au faîte... re-
» descendre ?... rétrograder ?... non certes, j'aime mieux
» partir avant que de nauséabondes saveurs puissent empoi-
» sonner le goût du fruit délicieux que je viens de cueillir.
» Quelle serait mon existence, si je la prolongeais ?... celle de
» ces milliers de hannetons que j'entends bourdonner autour
» de moi. Enchaîné de nouveau derrière un pupitre, obligé
» d'exécuter alternativement des chefs-d'œuvre et d'ignobles
» platitudes, je finirais comme tant d'autres par me blaser ;
» cette exquise sensibilité qui me fait percevoir tant de sen-
» sations, me rend accessible à tant de sentiments inconnus
» du vulgaire, s'émousserait peu à peu ; mon enthousiasme se
» refroidirait, s'il ne s'éteignait pas tout entier sous la cendre
» de l'habitude. J'en viendrais peut-être à parler des hommes
» de génie, comme de créatures ordinaires ; je prononcerais
» les noms de Gluck et de Spontini sans lever mon chapeau.
» Je sens bien que je haïrais toujours de toutes les forces de
» mon ame ce que je déteste aujourd'hui ; mais n'est-il pas
» cruel de ne conserver d'énergie que pour la haine ? La mu-
» sique occupe trop de place dans mon existence. Cette pas-
» sion a tué, absorbé toutes les autres. La dernière expérience
» que j'ai faite de l'amour m'a trop douloureusement désen-
» chanté. Trouverais-je jamais une femme dont l'organisation

» fût montée au diapason de la mienne?... non, je le crains,
» elles ressemblent toutes plus ou moins à Hortense. J'avais
» oublié ce nom.... Hortense.... comme un seul mot de sa
» bouche m'a désillusionné!... Oh humiliation! avoir aimé de
» l'amour le plus ardent, le plus poétique, de toute la puis-
» sance du cœur et de l'ame, une femme sans ame et sans
» cœur, radicalement incapable de comprendre le sens des
» mots *amour, poésie*!... sotte, triple sotte! je n'y puis penser
» encore sans sentir mon front se colorer. . . . .
» . . . . . . J'ai eu hier la tentation d'écrire à Spontini pour
» lui demander la permission de l'aller voir ; mais cette dé-
» marche eût-elle été bien accueillie, le grand homme ne
» m'aurait jamais cru capable de comprendre son ouvrage
» comme je le comprends. Je ne serais vraisemblablement à
» ses yeux qu'un jeune homme passionné qui s'est pris d'un
» engouement puéril, pour un ouvrage mille fois au-dessus de
» sa portée. Il penserait de moi ce qu'il doit nécessairement
» penser du public. Peut-être même attribuerait-il mes élans
» d'admiration à de honteux motifs d'intérêt, confondant
» ainsi l'enthousiasme le plus sincère avec la plus basse flatte-
» rie. Horreur!... Non, il vaut mieux en finir. Je suis seul dans
» le monde, orphelin dès l'enfance, ma mort ne sera un mal-
» heur pour personne. Quelques-uns diront : Il était fou. Ce
» sera mon oraison funèbre... Je mourrai après-demain... On
» doit donner encore la *Vestale*... que je l'entende une seconde
» fois!... Quelle œuvre!... comme l'amour y est peint!.., et le
» fanatisme! Tous ces prêtres-dogues, aboyant sur leur mal-
» heureuse victime... Quels accords dans ce final de géant...
» Quelle mélodie jusque dans les récitatifs... Quel orchestre...
» il se meut si majestueusement... les basses ondulent comme
» les flots de l'Océan. Les instruments sont des acteurs, dont la
» langue est aussi expressive, que celle qui se parle sur la
» scène. Dérivis a été superbe dans son récitatif du second
» acte; c'était le Jupiter tonnant. Madame Branchu, dans l'air:
« *Impitoyables dieux* », m'a brisé la poitrine ; j'ai failli me
» trouver mal. Cette femme est le génie incarné de la tragédie
» lyrique ; elle me réconcilierait avec son sexe. Oh oui! je la
» verrai encore une fois, une fois... cette *Vestale*... produc-

» tion surhumaine, qui ne pouvait naître que dans un siècle
» de miracles comme celui de Napoléon. Je concentrerai en
» trois heures toute la vitalité de vingt ans d'existence... après
» quoi... j'irai... ruminer mon bonheur dans l'éternité. »

Deux jours après, à dix heures du soir, une détonnation se fit entendre au coin de la rue de Rameau, en face de l'entrée de l'Opéra. Des domestiques en riche livrée accoururent au bruit et relevèrent un jeune homme baigné dans son sang qui ne donnait plus signe de vie. Au même instant une dame qui sortait du théâtre, s'approchant pour demander sa voiture, reconnut le visage sanglant d'Adolphe, et s'écria : « Oh ! mon Dieu, » c'est le malheureux jeune homme qui me » poursuit depuis Marseille ! » Hortense (car c'était elle) avait instantanément conçu la pensée de faire ainsi tourner au profit de son amour-propre, la mort de celui qui l'avait froissée par un si outrageant abandon. Le lendemain on disait chez Tortoni : « Cette madame N*** est vraiment une femme délicieuse ! à son dernier voyage dans le Midi, un Provençal en est devenu tellement fou, qu'il l'a suivie jusqu'à Paris, et s'est brûlé la cervelle à ses pieds, hier au soir, à la porte de l'Opéra. Voilà un succès qui la rendra encore cent fois plus séduisante. »

Pauvre Adolphe ! . . . .
. . . .
. . . . , ...

ASTRONOMIE MUSICALE.

Révolution du Ténor autour du Public.

AVANT L'AURORE.

Le Ténor obscur est entre les mains d'un professeur habile, plein de science, de patience, de sentiment et de goût, qui fait de lui d'abord un lecteur consommé, un bon harmoniste, qui lui donne une méthode large et pure, l'initie aux beautés des chefs-d'œuvre de l'art, et le façonne enfin au grand style du chant. A peine a-t-il entrevu la puissance d'émotion dont il est doué, le Ténor aspire au trône, il veut, malgré son maître, débuter et régner. Sa voix, cependant, n'est pas encore formée. Un théâtre de second ordre lui ouvre ses portes ; il débute : il est sifflé. Indigné de cet outrage, le Ténor rompt à l'amiable son engagement, et, le cœur plein de mépris pour ses compatriotes, part au plus vite pour l'Italie.

Il y trouve de terribles obstacles, qu'il renverse à la fin; on l'accueille assez bien. Sa voix se transforme, devient pleine, forte, mordante, propre à l'expression des passions vives autant qu'à celles des sentiments les plus doux ; le timbre de cette voix gagne peu à peu en pureté, en fraîcheur, en candeur délicieuse ; et ces qualités constituent enfin un talent de premier ordre, dont l'influence est irrésistible. Le succès vient. Les directeurs italiens qui entendent les affaires, vendent, rachètent, revendent le pauvre Ténor, dont les modestes appointements restent toujours les mêmes, bien qu'il enrichisse deux ou trois théâtres par an. On l'exploite, on le pressure de mille façons, et tant et tant, qu'à la fin sa pensée se reporte vers la patrie. Il lui pardonne, il avoue même qu'elle a eu raison d'être sévère pour ses premiers débuts. Il sait que le directeur de l'Opéra de Paris a l'œil sur lui. On lui fait des propositions brillantes qui sont acceptées; il repasse les Alpes.

LEVER HÉLIAQUE.

Le Ténor débute de nouveau, mais à l'Opéra cette fois, et devant un public prévenu en sa faveur par ses triomphes d'Italie.

Des exclamations de surprise et de plaisir accueillent sa première mélodie ; dès ce moment son succès est décidé. Ce n'est pourtant que le prélude des émotions qu'il doit exciter avant la fin de la soirée. On a admiré dans ce passage la sensibilité et la méthode unies à un organe d'une douceur enchanteresse ; restent à connaître les accents dramatiques, les cris de la passion. Un morceau se présente, où l'audacieux artiste lance *à voix de poitrine, en accentuant chaque syllabe*, plusieurs notes aigües, avec une force de vibrations, une expression de douleur déchirante et une beauté de sons, dont rien jusqu'alors n'avait donné une idée. Un silence de stupeur règne dans la salle, toutes les respirations sont suspendues, l'étonnement et l'admiration se confondent dans un sentiment presque semblable à la crainte; et dans le fait, on peut en avoir pour la fin de cette période inouïe; mais quand elle s'est terminée triomphante, on juge des transports de l'auditoire....

Nous voici au troisième acte. C'est un orphelin qui vient revoir la chaumière de son père; son cœur d'ailleurs rempli d'un amour sans espoir, tous ses sens, agités par les scènes de sang et de carnage que la guerre vient de mettre sous ses yeux, succombent accablés sous le poids du plus désolant contraste. Son père est mort; la chaumière est déserte; tout est calme et silencieux : c'est la paix, c'est la tombe. Et le sein sur lequel il lui serait si doux, en un pareil moment, de répandre les larmes de la piété filiale, ce cœur auprès duquel seul, le sien pourrait battre avec moins de douleur, l'infini l'en sépare... *Elle* ne sera jamais à lui... La situation est poignante et dignement rendue par le compositeur. Ici, le chanteur s'élève à une hauteur à laquelle on ne l'eût jamais cru capable d'atteindre; il est sublime. Alors, de deux mille poitrines haletantes, s'élance une de ces acclamations que l'artiste entend deux ou trois fois dans sa vie, et qui suffisent à payer de longs et rudes travaux.

Puis les bouquets, les couronnes, les rappels; et le surlendemain, la presse débordant d'enthousiasme et lançant le nom du radieux Ténor aux échos de tous les points du globe où la civilisation a pénétré.

C'est alors, si j'étais moraliste, qu'il me prendrait fantaisie d'adresser au triomphateur une homélie, dans le genre du discours que fit Don Quichotte à Sancho, au moment où le digne écuyer allait prendre possession de son gouvernement de Barataria :

« Vous voilà parvenu, lui dirais-je. Dans quelques semaines vous serez célèbre; vous aurez de forts applaudissements et d'interminables appointements. Les auteurs vous courtiseront, les directeurs ne vous feront plus attendre dans leur antichambre, et si vous leur écrivez, ils vous répondront. Des femmes, que vous ne connaissez pas, parleront de vous comme d'un protégé ou d'un *ami intime*. On vous dédiera des livres en prose et en vers. Au lieu de cent sous, vous serez obligé de donner cent francs à votre portier le jour de l'an. On vous dispensera du service de la garde nationale. Vous aurez des congés de temps en temps, pendant lesquels les villes de province s'arracheront vos représentations. On couvrira vos pieds de fleurs et de sonnets.

Vous chanterez aux soirées du préfet, et la femme du maire vous enverra des abricots. Vous êtes sur le seuil de l'Olympe, enfin. Car si les Italiens appellent les cantatrices *dive* (déesses), il est bien évident que les grands chanteurs sont des dieux. Eh bien! puisque vous voilà passé dieu, soyez bon diable malgré tout; ne méprisez pas trop les gens qui vous donneront de sages avis.

» Rappelez-vous que la voix est un instrument fragile, qui s'altère ou se brise en un instant, souvent sans cause connue; qu'un accident pareil suffit pour précipiter de son trône élevé le plus grand des dieux, et le réduire à l'état d'homme, et à moins encore quelquefois.

» Ne soyez pas trop dur pour les pauvres compositeurs.

» Quand, du haut de votre élégant cabriolet, vous apercevrez dans la rue, à pied, Meyerbeer, Spontini, Halevy ou Auber, ne les saluez pas d'un petit signe d'amitié protectrice, dont ils riraient de pitié et dont les passants s'indigneraient comme d'une suprême impertinence. N'oubliez pas que plusieurs de leurs ouvrages seront admirés et pleins de vie, quand le souvenir même de votre *ut* de poitrine aura disparu à tout jamais.

» Si vous faites de nouveau le voyage d'Italie, n'allez pas vous y engouer de quelque médiocre tisseur de cavatines, le donner, à votre retour, pour un auteur classique, et nous dire d'un air impartial que Beethoven avait *aussi du talent;* car il n'y a pas de dieu qui échappe au ridicule.

» Quand vous accepterez de nouveaux rôles, ne vous permettez pas d'y rien changer à la représentation, sans l'assentiment de l'auteur. Vous savez qu'une seule note ajoutée, retranchée ou transposée, peut aplatir une mélodie et en dénaturer l'expression. D'ailleurs c'est un droit qui ne saurait, en aucun cas, être le vôtre. Modifier la musique qu'on chante, ou le livre qu'on traduit, sans en rien dire à celui qui ne l'écrivit qu'avec beaucoup de réflexion, c'est commettre un indigne abus de confiance. Les gens qui empruntent *sans prévenir* sont appelés voleurs, les interprètes infidèles sont des calomniateurs et des assassins.

» Si d'aventure, il vous arrive un émule dont la voix ait plus de mordant et de force que la vôtre, n'allez pas, dans un duo, jouer aux poumons avec lui, et soyez sûr qu'il ne faut pas lutter contre le pot de fer, même quand on est un vase de porcelaine de la Chine. Dans vos tournées départementales, gardez-vous aussi de dire aux provinciaux, en parlant de l'Opéra et de sa troupe chorale et instrumentale : *Mon théâtre, mes chœurs, mon orchestre.* Les provinciaux n'aiment, pas plus que les Parisiens, qu'on les prenne pour des niais; ils savent fort bien que vous appartenez au théâtre, mais que le théâtre n'est pas à vous, et ils trouveraient la fatuité de votre langage d'un grotesque parfait.

» Maintenant, ami Sancho, reçois ma bénédiction; va gouverner Barataria; c'est une île assez basse, mais la plus fertile peut-être qu'il y ait en terre-ferme. Ton peuple est fort médiocrement civilisé; encourage l'instruction publique; que dans deux ans on ne se méfie plus, comme de sorciers maudits, des gens qui savent lire; ne t'abuse pas sur les louanges de ceux à qui tu permettras de s'asseoir à ta table; oublie tes damnés proverbes; ne te trouble point quand tu auras un discours important à prononcer; ne manque jamais à ta parole; que ceux qui te confieront leurs intérêts, puissent être assurés que tu ne les trahiras pas; et que ta voix soit juste pour tout le monde! »

LE TÉNOR AU ZÉNITH.

Il a cent mille francs d'appointements et un mois de congé. Après son premier rôle, qui lui valut un éclatant succès, le Ténor en essaie quelques autres avec des fortunes diverses. Il en accepte même de nouveaux, qu'il abandonne après trois ou quatre représentations s'il n'y excelle pas autant que dans les rôles anciens. Il peut briser ainsi la carrière d'un compositeur, anéantir un chef-d'œuvre, ruiner un éditeur et faire un tort énorme au théâtre. Ces considérations n'existent pas pour lui. Il ne voit dans l'art que de l'or et des couronnes ; et le moyen le plus propre à les obtenir promptement, est pour lui le seul qu'il faille employer.

Il a remarqué que certaines formules mélodiques, certaines vocalisations, certains ornements, certains éclats de voix, certaines terminaisons banales, certains rhythmes ignobles, avaient la propriété d'exciter instantanément des applaudissements tels quels, cette raison lui semble plus que suffisante pour en désirer l'emploi, pour l'exiger même dans ses rôles, en dépit de tout respect pour l'expression, la pensée et la dignité du style, et pour se montrer hostile, aux productions d'une nature plus indépendante et plus élevée. Il connait l'effet des vieux moyens qu'il emploie habituellement, il ignore celui des moyens nouveaux qu'on lui propose, et ne se considérant point comme un interprète désintéressé dans la question, dans le doute, il s'abstient autant qu'il est en lui. Déjà la faiblesse de quelques compositeurs en donnant satisfaction à ses exigences, lui fait rêver l'introduction dans nos théâtres, des mœurs musicales de l'Italie. Vainement on lui dit :

« Le maître, c'est le *Maître;* ce nom n'a pas injustement été donné au compositeur ; c'est sa pensée qui doit agir entière et libre sur l'auditeur, par l'intermédiaire du chanteur ; c'est lui qui dispense la lumière et projette les ombres ; c'est lui qui est le roi et répond de ses actes ; il propose et dispose ; ses ministres ne doivent avoir d'autre but, ambitionner d'autres mérites que ceux de bien concevoir ses plans, et, en se plaçant exactement à son point de vue, d'en assurer la réalisation. »

Il n'écoute rien ; il lui faut des vociférations en style de tambour-major traînant depuis dix ans sur tous les théâtres Ultramontains ; des thèmes communs, entrecoupés de repos, pendant lesquels il peut s'écouter applaudir, s'essuyer le front, rajuster ses cheveux, tousser, avaler une pastille de sucre d'orge. Ou bien, il exige de folles vocalises, mêlées d'accents de menace, de fureur, de gaîté, de tendresse, de notes basses, de sons aigus, de gazouillements de colibri, de cris de pintade, de fusées, d'arpéges, de trilles. Quels que soient le sens des paroles, le caractère du personnage, la situation, il se permet de presser ou de ralentir le mouvement, d'ajouter des gammes dans tous les sens, des broderies de toutes les espèces ; rien ne le choque, tout va ; une absurdité de plus ou de moins serait-elle remarquée en si belle compagnie ! L'orchestre ne dit rien ou ne dit que ce qu'il veut ; le Ténor domine, écrase tout ; il parcourt le théâtre d'un air triomphant ; son panache étincelle de joie sur sa tête superbe ; c'est un roi, c'est un héros, c'est un demi-dieu, c'est un dieu ! Seulement on ne sait quel est son sexe : on ne peut découvrir s'il pleure ou s'il rit, s'il est amoureux ou furieux ; il n'y a plus de musique, plus de drame, plus de mélodie, plus d'expression, plus de sens commun : il y a émission de voix, et c'est là l'important ; voilà la grande affaire ; il va au théâtre courre le public, comme on va au bois courre le cerf. Allons donc ! ferme ! donnons de la voix ! Tayaut ! tayaut ! faisons curée de l'art.

Bientôt l'exemple de cette fortune vocale rend l'exploitation du théâtre impossible ; il éveille et entretient chez toutes les médiocrités chantantes des espérances et des ambitions folles. « Le premier Ténor a cent mille francs, pourquoi, dit le second, n'en aurais-je pas quatre-vingt dix ? — Et moi, cinquante, réplique le troisième ? »

Le directeur, pour alimenter ces orgueils béants, pour combler ces abîmes, a beau rogner sur les masses, déconsidérer et détruire l'orchestre et les chœurs, en donnant aux artistes qui les composent des appointement de portiers ; peines perdues, sacrifices inutiles ; et un jour que voulant se rendre un compte exact de sa situation, il essaie de comparer l'énormité du salaire, avec la tâche du chanteur, il arrive en frémissant à ce curieux résultat :

Le premier Ténor, aux appointements de 100,000 fr., jouant à peu près sept fois par mois, figure en conséquence dans quatre-vingt-quatre représentations par an, et touche un peu plus de 1100 fr. par soirée. Maintenant, en supposant un rôle composé de onze cents notes ou syllabes, ce sera 1 fr. par syllabe.

Ainsi, dans *Guillaume Tell* :

Ma (1 f.) présence (3 f.) pour vous est peut-être un outrage (9 f.)
Mathilde (3 fr.) mes pas indiscrets (cent sous)
Ont osé jusqu'à vous se frayer un passage ! (13 fr.)

Total, 34 fr. — Vous parlez d'or, monseigneur !

Étant donnée une prima donna aux misérables appointements de 40,000 fr., la réponse de Mathilde *revient* nécessairement *à meilleur compte* (style du commerce), chacune de ses syllabes *n'allant que dans les prix* de huit sous ; mais c'est encore assez joli :

« On pardonne aisément (2 fr. 40 c.) des torts (16 s.) que l'on
[partage (2 fr.)]
Arnold (16 s.) je (8 s.) vous attendais. (32 s.)

Total 8 fr.

Puis il paie, il paie encore, il paie toujours, il paie tant, qu'un beau jour il ne paie plus, et se voit forcé de fermer son théâtre. Comme ses confrères ne sont pas dans une situation beaucoup plus florissante, quelques-uns des immortels doivent alors se résigner à donner des leçons de solfége (ceux qui le savent), ou à chanter sur les places publiques avec une guitare, quatre bouts de chandelles et un tapis vert.

LE SOLEIL SE COUCHE.

Ciel orageux.

Le Ténor s'en va; sa voix ne peut plus ni monter ni descendre. Il doit décapiter toutes les phrases hautes et ne plus chanter que dans le médium. Il fait un ravage affreux dans les anciennes partitions, et impose une insupportable monotonie pour condition d'existence aux nouvelles. Il désole ses admirateurs.

Les compositeurs, les poètes, les peintres, qui ont perdu le sentiment du beau et du vrai, que le vulgarisme ne choque plus, qui n'ont plus même la force de pourchasser les idées qui les fuient, qui se complaisent seulement à tendre des piéges sous les pas de leurs rivaux dont la vie est active et florissante, ceux-là sont morts et bien morts. Pourtant ils croient toujours vivre, une heureuse illusion les soutient, ils prennent l'épuisement pour de la fatigue, l'impuissance pour de la modération ; mais la perte d'un organe ! qui pourrait s'abuser sur un tel malheur ? quand cette perte surtout détruit une voix merveilleuse par son étendue, sa force, la beauté de ses accents, les nuances infinies de son timbre, son expression dramatique et sa parfaite pureté ? Ah ! je me suis senti quelquefois ému d'une profonde pitié pour ces pauvres chanteurs, et plein d'une grande indulgence pour les caprices, les vanités, les exigences, les ambitions démesurées, les prétentions exorbitantes et les ridicules infinis de quelques-uns d'entre eux. Ils ne vivent qu'un jour et meurent tout entiers. C'est à peine si le nom des plus célèbres surnage, et encore c'est à l'illustration des maîtres dont ils furent les interprètes, trop souvent infidèles, qu'ils doivent, ceux-là, d'être sauvés de l'oubli. Nous connaissons Caffariello, parce qu'il chanta à Naples dans l'*Antigono* de Gluck ; le souvenir de Mmes Saint-Huberti et Branchu s'est conservé en France, parce qu'elles ont créé les rôles de Didon, de la Vestale, d'Iphigénie en Tauride, etc. ; qui de nous aurait entendu parler de la *diva* Faustina, sans Marcello qui fut son maître, et sans Hasse qui l'épousa ? Pardonnons-leur donc, à ces dieux mortels, de faire leur Olympe aussi brillant que possible, d'imposer aux héros de l'art de longues et rudes épreuves, et de ne pouvoir être apaisés que par des sacrifices d'idées.

C'est si cruel pour eux de voir l'astre de la gloire et de la fortune descendre incessamment à l'horizon. Quelle douloureuse fête que celle d'une dernière représentation ! Comme le grand artiste doit avoir le cœur navré en parcourant et la scène et les secrets réduits de ce théâtre, dont il fut longtemps le génie tutélaire, le roi, le souverain absolu ! En s'habillant dans sa loge, il se dit : « Je n'y rentrerai plus ; ce casque, ombragé d'un brillant panache, n'ornera plus ma tête ; cette mystérieuse cassette ne s'ouvrira plus pour recevoir les billets parfumés des belles enthousiastes. » On frappe, c'est l'avertisseur qui vient lui annoncer le commencement de la pièce. « Eh bien ! mon pauvre garçon, te voilà donc pour toujours à l'abri de ma mauvaise humeur ! Plus d'injures, plus de bourrades à craindre. Tu ne viendras plus me dire : « Monsieur, l'ouverture commence ! Monsieur, la toile est levée ! Monsieur, la première scène est finie ! Monsieur, voilà votre entrée ! Monsieur, on vous attend ! « Hélas ! non ; c'est moi qui te dirai maintenant : « Santiquet, efface mon nom qui est encore sur cette porte ; Santiquet, vas porter ces fleurs à Fanny ; va-s-y tout de suite, elle n'en voudrait plus demain ; Santiquet, bois ce verre de

Madère et emporte la bouteille, tu n'auras plus besoin de faire la chasse aux enfants de chœur pour la défendre; Santiquet, fais-moi un paquet de ces vieilles couronnes, enlève mon petit piano, éteins ma lampe et ferme ma loge, tout est fini. »

Le virtuose entre dans les coulisses sous le poids de ces tristes pensées; il rencontre le second Ténor, son ennemi intime, sa doublure, qui pleure aux éclats en dehors et rit aux larmes en dedans.

— « Eh bien ! *mon vieux*, lui dit le demi-dieu d'une voix dolente, tu vas donc nous quitter? Mais quel triomphe t'attend ce soir ! C'est une belle soirée ! »

— « Oui, pour toi, » répond le chef d'emploi d'un air sombre. Et lui tournant le dos :

—« Delphine, dit-il à une jolie petite danseuse, à qui il permettait de l'adorer, donne-moi donc *ma* bonbonnière ?

— Oh! *ma* bonbonnière est vide, répond la folâtre en pirouettant ; j'ai donné tout à Victor.

Et cependant il faut étouffer son chagrin, son désespoir, sa rage : il faut sourire, il faut chanter. Le virtuose paraît en scène ; il joue pour la dernière fois ce drame dont il fit le succès, ce rôle qu'il a créé ; il jette un dernier coup-d'œil sur ces décors qui réfléchirent sa gloire, qui retentirent tant de fois de ses accents de tendresse, de ses élans de passion, sur ce lac aux bords duquel il attendit Mathilde, sur ce Grutly, d'où il cria : *Liberté!* sur ce pâle soleil, que depuis tant d'années, il voyait se lever à neuf heures du soir. Et il voudrait pleurer, pleurer à sanglots; mais la réplique est donnée, il ne faut pas que la voix tremble, ni que les muscles du visage expriment d'autre émotion que celle du rôle; le public est là; des milliers de mains sont disposées à t'applaudir, mon pauvre dieu, et si elles restaient immobiles, oh! alors, tu reconnaîtrais que les douleurs intimes que tu viens de sentir et d'étouffer ne sont rien auprès de l'affreux déchirement causé par la froideur du public en pareille circonstance; le public, autrefois ton esclave, aujourd'hui ton maître, ton empereur! Allons, incline-toi, il t'applaudit. *Te moriturum salutat!*

Et il chante, et par un effort surhumain, retrouvant sa voix et sa verve juvéniles, il excite des transports jusqu'alors inconnus. On couvre la scène de fleurs comme une tombe à demi fermée. Palpitant de mille sensations contraires, il se retire à pas lents. On veut le voir encore, on l'appelle à grands cris. Quelle angoisse douce et cruelle pour lui, dans cette dernière clameur de l'enthousiasme! et qu'on doit bien lui pardonner s'il en prolonge un peu la durée! C'est sa dernière joie, c'est sa gloire, son amour, son génie, sa vie, qui frémissent en s'éteignant à la fois.

Viens donc, pauvre grand artiste, météore brillant, au terme de ta course, viens entendre l'expression suprême de nos affections admiratives et de notre reconnaissance, pour les jouissances que nous t'avons dues si longtemps; viens et savoure-les, et sois heureux et fier; tu te souviendras de cette heure toujours, et nous l'aurons oubliée demain. Il s'avance haletant, le cœur gonflé de larmes; une vaste acclamation éclate à son aspect; le peuple bat des mains, l'appelle des noms les plus beaux et les plus chers; César le couronne. Mais la toile s'abaisse enfin, comme le froid et le lourd couteau des supplices; un abîme sépare le triomphateur de son char de triomphe, abîme infranchissable et creusé par le temps. Tout est consommé! Le Dieu n'est plus!

Nuit profonde.

. . . .
. . . .
. . . .

Nuit éternelle.

. . . .
. . . .
. . . .

FIN.

TABLE DES MATIÈRES

DU SECOND VOLUME.

Voyage musical en Italie.

I.	Concours de composition musicale à l'Institut.	3
II.	Le concierge de l'Institut.	15
III.	Distribution des prix de l'Institut.	34
IV.	Le départ.	45
V.	L'arrivée.	59
VI.	Episode bouffon.	67
VII.	Retour à Rome.	85
VIII.	La vie de l'Académie.	99
IX.	Vincenza.	117
X.	Vagabondages.	127
XI.	Subiaco.	137
XII.	Encore Rome.	151
XIII.	Naples.	177
XIV.	Retour en France.	205
	Le Premier opéra (nouvelle). Alfonso Della Viola à Benvenuto Cellini.	229

Benvenuto a Alfonso. 239
Benvenuto à Alfonso. 251
Alfonso a Benvenuto. 255
Conclusion. 257
Du Système de Gluck en musique dramatique . . . 262
Les deux Alceste de Gluck. 279
Le Suicide par enthousiasme. 309

Astronomie musicale.

Révolution d'un ténor autour du public. Avant l'Aurore. 341
Lever héliaque. 345
Le ténor au zénith. 353
Le soleil se couche. 361

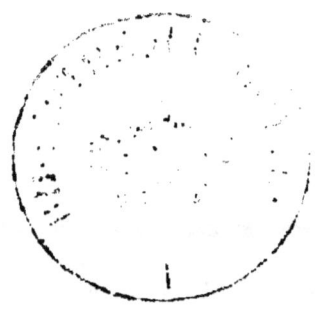

FIN DE LA TABLE DU TOME DEUXIÈME.